早瀬律子
Ritsuko Hayase

中学入試を制する

「国語の読みテク」トレーニング

随筆文

文芸社

はじめに――保護者の方々へ

確実な文章理解で、記述力アップに効果

本書は『国語の「読みテク」トレーニング』シリーズの「説明文・論説文」編、「物語文」編に続く第三弾となるものです。

おかげさまで、昨年出版した二冊をご使用くださった読者の方々から、「要約問題に取り組んだことで読解力が目ざましく向上し、合格することができました！」という声を多数お寄せいただき、それが今回の第三弾刊行につながりました。ご活用くださった方々に、この場を借りて感謝申し上げます。

さて、いただいた喜びの声のなかで圧倒的に多かったのが、「記述力の向上にとても効果的だった」というご感想です。これは著者として大変喜ばしいものでした。と言いますのも、突き詰めていくと「記述力」こそが「国語の総合力」と言えるからです。

単に問題を解いて答え合わせをするだけでは、国語の「足腰」を鍛えることがほとんどできません。国語の学習というのは、何よりもまず問題文の内容理解に時間を割くべきであり、それが学習を消化不良に終わらせないための方法なのです。

「小手先学習」の状態を根本から改め、「読みを法則化し、応用のきく読み方を身につける」「要約という行為を通して文章を正確に理解する」という、汗をかいたぶんだけ着実に力がつく問題集を作成したい。その思いを現実化したのが、この「読みテクシリーズ」なのです。

これまでの問題集とは異なるアプローチによって、入試で配点の高い記述式問題の対策に役に立てたことを幸せに思っております。

筆者の個性が色濃く反映されている

さて、今回は「随筆文」編です。随筆文とは「エッセイ」や「コラム」とほぼ同じタイプの文章で、筆者が体験したこと、そのときの心情などを綴ったものです。

随筆文の題材は、日常の生活を綴った身辺雑記的なものから、世の中の時事的なニュースについて論じたものまで、筆者が関心を寄せている世界と深く結びついており、筆者の個性や

価値観などが色濃くにじみ出てくるタイプの文章と言えるでしょう。

また、随筆文には、その文章構成や文章のリズムによって、論説文に似た構造を持つ「論説的随筆文」と、物語文に似たタイプの「物語的随筆文」の二つに大別できます。「論説的随筆文」は筆者の意見を論理的にまとめたもの、「物語的随筆文」は筆者の心情（感じたこと、考えたこと）をエピソードなどをからめながら情緒的なタッチで書かれたものと言えるでしょう。

文章の特質を踏まえた読解を試みることが、入試において高得点をとるためには何よりも大切です。

文章のテーマを外さない読み方を解説

随筆文をよりよく理解するためには、筆者の体験や心情（気持ちや考え）から、その文章のテーマ（筆者が一番伝えたいこと）を読み取ることが大切です。そのため、内容を頭に入れるときには、一本の筋道（論理）をとらえ、場面ごとに筆者の「感じたこと」「考えたこと」をつかんでいくことが重要になります。

しかし、随筆文というのは、正確に読みこなすのがなかなかやっかいなのです。と言うのも、筆者が文章テクニックを駆使している場合が多く、技巧を凝らした表現が満載だからです。また、読者を楽しませるためのエピソードなどもふんだんに織り込まれ、本筋とは無関係な話が盛り込まれているケースもあります。そのため、すらっと読めてしまったのはいいものの、何がテーマだったのか理解できていない、ということになってしまいがちなのです。通常の読書としてはそれでもかまわないのですが、入試問題を解くための読み方としては残念ながら不適切と言わざるをえません。

そこで本書では「講義」に紙幅を割き、随筆文を正確に読み解くためのポイントを解説しました。文章の特徴をとらえ、話の本筋をきちんと追いかけていくためのコツをつかんでください。

本書の方法で随筆文に取り組んでいけば、必ずや入試に役立つ随筆文の読み方が身についていることでしょう。みなさまの解答力を高めるための一助となれば幸いです。

二〇一二年夏

早瀬　律子

目次

講義

中学入試を制する国語の「読みテク」トレーニング

随筆文

ポイント 1

「筆者の体験」と「筆者の心情」を押さえましょう

随筆文というのは、原則として筆者が実際に体験したことが書かれています。そしてまた、**その体験をしたときの筆者の心情（気持ち・考え）**が綴られています。もちろん、その場の風景が描写されたり、状況が説明されたりすることもありますが、その文章における最も重要な部分は、見る・聞く・行う・話すといった筆者自身の体験と、その体験をしたときの筆者の心情なのです。

ですから、随筆文を読み解くときには、**筆者はいつ・どこで・だれと・何を・どんなふうに・どうしたのか**という体験の具体的な内容と、**ある体験をしたときに、筆者はどんなことを感じ、考えたのか**という筆者の心情を正確にとらえることが大切になります。

入試問題では、筆者の体験についての説明を求められたり、筆者の気持ちや考えを問われることが多いので、この二つを仕分けできるようになると問題に答えやすくなります。

「筆者の体験」と「筆者の心情」を仕分けする場合には、次のようなポイントに注目して一つの目安にするといいでしょう。

①「〜だった」「〜た」「〜した」「〜であった」「〜である」などの言い切りの表現には、「筆者の体験」が述べられていることが多い。

②「〜と思う」「〜と思った」「〜と感じる」「〜と感じた」「〜だろう」などの文末表現には、「筆者の心情」が述べられていることが多い。

③「うれしい」「楽しい」「悲しい」「なつかしい」「うしろめたい」などの気持ちの表現には、「筆者の心情」が述べられていることが多い。

では、次のサンプルの文章で「筆者の体験」と「筆者の心情」を仕分けしてみます。

> 今年の春、ベルギーのアントワープを訪れた。足を運ぶのは三度目である。（体験）
> 四月とはいえ、北海道より緯度の高いアントワープでは、太陽の光は弱々しく、まだコートが手放せないほど寒い。私は厚手のコートを着込み、中央駅から遠くに見える大聖堂を目指して歩いた。（体験）
> 道沿いに建ち並ぶれんが造りの家やオープンカフェを眺め、ゴツゴツした石畳をしっかり踏みしめながら歩いてい

ると、（体験）懐かしさが込み上げてくる。（気持ち）

十五分ほどで大聖堂の正面に到着した。（体験）中に入ると、以前と同じように真っ先にルーベンスの祭壇画『聖母被昇天』の前に足を運んだ。（体験）この祭壇画こそが、名作『フランダースの犬』の主人公ネロが観たいと渇望していた絵なのである。

アントワープ郊外の小さな農村に住むネロは、幼くして母を亡くしたため、身体の弱い祖父、愛犬パトラッシュと暮らしながら画家を志している。ルーベンスの祭壇画の聖母マリアに、亡き母の面影を重ね合わせるネロは、ずっとこの名画を観たいと願い続けているが、貧しいために観覧料が払えない。画家として認めてもらうため、コンクールに応募した絵も落選してしまう。ネロは絶望と飢えをかかえて村をさまよい、厳しい吹雪の夜に大聖堂の冷たい床で愛犬パトラッシュとともに息をひきとる。

幼少のころの私は、この物語を読むたびに少年と愛犬の死がいたたまれず、涙にくれた。（体験）読めば泣いてしまうことがわかっているのに、それでも毎日繰り返し読んだ。（体験）

日本では私のように涙した少年少女が多いのではないかと思う。（気持ち）

大聖堂の中で手を合わせていると、カラーンと、高いところにある金色の時計台の時刻を告げる鐘が響いた。（体験）ネロ少年の魂が神に召されていく最後のシーンが蘇る。（気持ち）

『聖母被昇天』を観ると、ネロ少年の心を思って悲しみが胸に迫り、（気持ち）つい涙ぐんでしまうのである。（体験）

また、文章が長い場合など、書かれている筆者の体験は一つとは限りません。むしろ、いくつかの体験が書かれていることが多いものですが、それらの体験に共通する筆者の心情があるはずです。さまざまな言葉や違った表現で書かれていたとしても、共通する感じ方や考え方はないかを探ることで文章のテーマを見抜くことができます。

ポイント 2

「筆者の視点」をとらえましょう

随筆文は、「筆者の体験」と「筆者の心情（気持ち・考え）」が書かれた文章ですので、**すべてのことが「筆者の視点」からの文章**になっています。登場人物も筆者から見た人物像になっています。随筆文に限りませんが、文章を読み解くには**筆者の視点を理解することが大切**になります。

視点とは、物事を観察する立場のことです。たとえば「授業」について随筆文を書こうとするとき、先生の立場、生徒の立場、保護者の立場では、授業というものの見方がかなり違ってくるでしょう。このように、筆者がどのような立場から物事をとらえているのかによってテーマは変わってきます。

先ほどのサンプルの文章で、筆者がどんな視点で文章を書いているのかをとらえてみましょう。

今年の春、ベルギーのアントワープを訪れた。足を運ぶのは三度目である。

四月とはいえ、北海道より緯度の高いアントワープでは、太陽の光は弱々しく、まだコートが手放せないほど寒い。

私は厚手のコートを着込み、中央駅から遠くに見える大聖堂を目指して歩いた。

道沿いに建ち並ぶれんが造りの家やオープンカフェを眺め、ゴツゴツした石畳をしっかり踏みしめながら歩いていると、懐かしさが込み上げてくる。

十五分ほどで大聖堂の正面に到着した。中に入ると、以前と同じように真っ先にルーベンスの祭壇画『聖母被昇天』の前に足を運んだ。この祭壇画こそが、名作『フランダースの犬』の主人公ネロが観たいと渇望していた絵なのである。

アントワープ郊外の小さな農村に住むネロは、幼くして母を亡くしたため、身体の弱い祖父、愛犬パトラッシュと暮らしながら画家を志している。ルーベンスの祭壇画の聖母マリアに、亡き母の面影を重ね合わせるネロは、ずっとこの名画を観たいと願い続けているが、貧しいために観覧料が払えない。画家として認めてもらうため、コンクールに応募した絵も落選してしまう。ネロは絶望と飢えをかかえて村をさまよい、厳しい吹雪の夜に大聖堂の冷たい床で愛犬パトラッシュとともに息をひきとる。

幼少のころの私は、この物語を読むたびに少年と愛犬の死がいたたまれず、涙にくれた。読めば泣いてしまうことがわかっているのに、それでも毎日繰り返し読んだ。

日本では私のように涙した少年少女が多いのではないかと思う。

大聖堂の中で手を合わせていると、カラーンと、高いところにある金色の時計台の時刻を告げる鐘が響いた。ネロ少年の魂が神に召されていく最後のシーンが蘇る。

『聖母被昇天』を観ると、ネロ少年の心を思って悲しみが胸に迫り、つい涙ぐんでしまうのである。


これは、アントワープの大聖堂にある『聖母被昇天』について述べられた文章ですが、**『フランダースの犬』のネロ少年の話と、筆者が幼いころにその物語を繰り返し読んで泣いた回想とを重ね合わせた主観的な視点**で書かれています。

『聖母被昇天』について述べるときには、例えば、技術的な面を取り上げることもできますし、キリスト教との関係を考えることも可能ですし、画家ルーベンスの残した作品の中の一つとして書くこともできます。

このように、筆者がどのような視点で書くのかによってテーマは変わってくるのです。

ポイント
3

「論説的な随筆文」の読み方

「はじめに」でも述べたように、随筆文には「論説文」に近い文章構成になっているものがあります。

論説文というのは、筆者がある事実を説明しながら自分の主張を述べたものです。その際、筆者はキーワード（繰り返し出てくる重要語句）を用いて主張を展開します。したがって、文章を読み進めるときは、このキーワードに注目して内容をつかんでいけばいいのです。また、文章の構成も、「テーマをほのめかす書き出しの部分」「事実に関する詳しい説明の部分」「主張のまとめの部分」というように明確に分かれている場合が多いものです。

「論説的な随筆文」は、この書き方と非常に似ています。つまり、**キーワードを使いながら論理的な文章構成になっているの**です。唯一違う点は、論説文はある事実について述べているのに対し、「論説的な随筆文」は筆者の体験や心情を述べていることです。したがって、「論説的な随筆文」を正確に読み取るためには、**キーワードに注目しながら、文章構成を追い、筆者の心情をキャッチする**ことが大切になります。

サンプルの文章でキーワードに注目し、文章構成や手法を意識しながら筆者の心情をとらえてみましょう。

書き出しの部分

今年の春、ベルギーのアントワープを訪れた。足を運ぶのは三度目である。

四月とはいえ、北海道より緯度の高いアントワープでは、太陽の光は弱々しく、まだコートが手放せないほど寒い。私は厚手のコートを着込み、中央駅から遠くに見える大聖堂を目指して歩いた。

道沿いに建ち並ぶれんが造りの家やオープンカフェを眺め、ゴツゴツした石畳をしっかり踏みしめながら歩いていると、懐かしさが込み上げてくる。

詳しい内容の部分

十五分ほどで大聖堂の正面に到着した。中に入ると、以前と同じように真っ先にルーベンスの祭壇画『聖母被昇天』の前に足を運んだ。この祭壇画こそが、名作『フランダースの犬』の主人公ネロが観たいと渇望していた絵なのである。

アントワープ郊外の小さな農村に住むネロは、幼くして母を亡くしたため、身体の弱い祖父、愛犬パトラッシュと暮らしながら画家を志している。ルーベンスの祭壇画の聖母マリアに、亡き母の面影を重ね合わせるネロは、ずっとこの名画を観たいと願い続けているが、貧しいために観覧料が払えない。画家として認めてもらうため、コンクールに応募した絵も落選してしまう。ネロは絶望と飢えをかかえて村をさまよい、厳しい吹雪の夜に大聖堂の冷たい床で愛犬パトラッシュとともに息をひきとる。

詳しい内容の部分

　幼少のころの私は、この物語を読むたびに少年と愛犬の死がいたたまれず、涙にくれた。読めば泣いてしまうことがわかっているのに、それでも毎日繰り返し読んだ。日本では私のように涙した少年少女が多いのではないかと思う。

まとめの部分

　大聖堂の中で手を合わせていると、カラーンと、高いところにある金色の時計台の時刻を告げる鐘が響いた。ネロ少年の魂が神に召されていく最後のシーンが蘇る。『聖母被昇天』を観ると、ネロ少年の心を思って悲しみが胸に迫り、つい涙ぐんでしまうのである。

注目すべきキーワード

「アントワープ」「大聖堂」「ルーベンス」「祭壇画」「聖母被昇天」「ネロ少年（ネロ）」

文章構成

「書き出しの部分」……筆者が大聖堂へ向かって歩いていく。

「詳しい内容の部分」……『フランダースの犬』のネロ少年と大聖堂の『聖母被昇天』との関わりを詳しく説明し、筆者が幼いころ、この物語を読んで泣いていた思い出を述べている。

「まとめの部分」……ネロ少年の話を思いながら『聖母被昇天』を鑑賞したときの筆者の心情を述べている。

ポイント 4

「物語的な随筆文」の読み方

随筆文の中には、私小説に近いタイプの文章もあります。このような「物語的な随筆文」は、「論説的な随筆文」よりも文章のつかみどころがなく、テーマがとらえにくい場合が多いものです。このような場合には、「物語文」の読み取りをするときの手法を使うと内容を正確に理解できます。

物語文というのは、まず何かしらの出来事（事件）が起こり、主人公（登場人物）がなんらかの反応を示し（行動を起こしたり、会話を交わしたり）、それによって気持ちに変化が起こる、というパターンで書かれています。つまり、読み解く際には、「出来事」「主人公の言動」「主人公の気持ち」を正確にとらえるのがポイントになります。

唯一違う点は、物語文では筆者（作者）の思いは主人公たちの動作やセリフに託《たく》して描かれますが、「物語的な随筆文」では、筆者自身の体験や気持ちがかなりストレートな言葉で表現されます。

したがって「物語的な随筆文」を読む場合には、**「どんな出来事があったのか」「筆者はどんな言動をしたのか」「筆者はどんな気持ちになったのか」**をとらえることが重要です。

それでは、サンプルの文章を使って「物語的な随筆文」の内容をとらえましょう。

ルーベンスの祭壇画の鑑賞を終えた私は、スヘルデ川へと足を延ばしたくなった。スヘルデ川はフランス、ベルギー、オランダを流れる国際河川で、ここアントワープは流域の貿易の要所として栄え、今でも大聖堂を目印として各国の貿易船が行き来している。

太陽はすでに西に傾き、薄暗くなってきた。昼間よりいっそう肌寒くなったせいか、川の周辺の人影もまばらだ。

前回ここを訪れたときは真夏だったので、観光スポットとして人気のこの場所はたくさんの人でにぎわっていた。燦々と太陽の光が降り注いでいた川周辺の光景が懐かしく思い出される。

暮れなずむ川に、残光がきらきらと反射する。水面が宝石市場となる。

川を渡る風に吹かれて、さまざまな国旗をつけた船の往来をぼんやり眺めていると、「どちらからいらしたの？」と背後から不意に声をかけられた。

振り向くと、若い女性がほほ笑んで立っていた。突然のことにびっくりして戸惑っていると、「中国かしら？　それとも日本？」と聞かれたので、あわてて「日本です」と答えた。

「もしかしたら日本人かもしれないと思って、声をかけてみたくなっちゃったの」と彼女は親しみを込めた声で言い、「実は、私の父は日本人なの。だから、私にも日本人の血が流れているのよ」

そう言われて、彼女をじっと見つめた。確かに彼女の姿には、ヨーロッパ人と日本人の雰囲気を併せ持ったような美しさがある。日本人の血が流れているという彼女の優しい笑顔に警戒心がとけ私も微笑んだ。

彼女の名はカレンといい、ドイツから来たという。イギリスに留学していた日本人の父親が、同じく留学していたアントワープ出身の母親と出会い、国際結婚をしたという。結婚後、二人はドイツに住居を構え、そこでカレンは生まれたという。国境をまたいだスケールの大きい恋の話に、じっと聞き入ってしまった。

「それでは、今日はお母さまの実家に遊びにいらしたのね？」と聞くと、カレンの表情がふと寂しげなものに変わった。

「ちょうど一年前に、母は亡くなったの」

そうつぶやいたカレンは大きな瞳を潤ませた。

彼女にとってアントワープへの訪問は、母親を偲ぶ旅であるとともに、悲しみとともにさすらう旅なのかもしれないと思い、せつなくなった。

この話の流れを追って内容をキャッチしていきましょう。

スヘルデ川に行った。（筆者の行動）

←

前回訪れたときの光景を懐かしく思い出した。（筆者の気持ち）

←

若い女性から不意に声をかけられ、彼女には日本人の血が流れていると聞かされた。（出来事）

←

警戒心がとけた。（筆者の気持ち）

←

彼女の名前や両親の話を聞いた。（筆者の行動）

←

彼女に質問をした。（筆者のセリフ）

←

亡くなった母を思い出し瞳を潤ませる彼女を見た。（筆者の行動）

←

彼女の旅に対してせつなくなった。（筆者の気持ち）

この「物語的な随筆文」では「見知らぬ女性から声をかけられた」（出来事）ことによって筆者が行動したり、言葉を交わしたりすることで、筆者の気持ちが変化していく展開になっています。

ポイント 5

「時間の変化」を読み取りましょう

随筆文には筆者の体験が書かれていますが、その体験は同じタイミングで発生したものとは限りません。また、体験に対する気持ちにおいても、体験当時の気持ちと現在の気持ちでは変化していることがあり、それが文章中のそこかしこにちりばめられていて、内容を読み取るときに戸惑ってしまうケースがあります。

随筆文を読むときには「いつのことなのか」に注意して、時間ごとに体験や気持ちの内容をとらえるようにしましょう。場所や情景などの変化、筆者と関わっている人物が変わったときなどに注目すると正確に内容を理解できるようになります。

それでは、サンプルの文章の「時間の変化」を読み取ってみましょう。

今年の春、ベルギーのアントワープを訪れた。足を運ぶのは三度目である。

四月とはいえ、北海道より緯度の高いアントワープでは、太陽の光は弱々しく、まだコートが手放せないほど寒い。私は厚手のコートを着込み、中央駅から遠くに見える大聖堂を目指して歩いた。

道沿いに建ち並ぶれんが造りの家やオープンカフェを眺め、ゴツゴツした石畳をしっかり踏みしめながら歩いていると、懐かしさが込み上げてくる。

十五分ほどで大聖堂の正面に到着した。中に入ると、以前と同じように真っ先にルーベンスの祭壇画『聖母被昇天』の前に足を運んだ。この祭壇画こそが、名作『フランダースの犬』の主人公ネロが観たいと渇望していた絵なのである。

作品の説明

アントワープ郊外の小さな農村に住むネロは、幼くして母を亡くしたため、身体の弱い祖父、愛犬パトラッシュと暮らしながら画家を志している。ルーベンスの祭壇画の聖母マリアに、亡き母の面影を重ね合わせるネロは、ずっとこの名画を観たいと願い続けているが、貧しいために観覧料が払えない。画家として認めてもらうため、コンクールに応募した絵も落選してしまう。ネロは絶望と飢えをかかえて村をさまよい、厳しい吹雪の夜に大聖堂の冷たい床で愛犬パトラッシュとともに息をひきとる。

幼少のころの私は、この物語を読むたびに少年と愛犬

幼少体験

の死がいたたまれず、涙にくれた。読めば泣いてしまうことがわかっているのに、それでも毎日繰り返し読んだ。日本では私のように涙した少年少女が多いのではないかと思う。

大聖堂の中で手を合わせていると、カラーンと、高いところにある金色の時計台の時刻を告げる鐘が響いた。ネロ少年の魂が神に召されていく最後のシーンが蘇る。『聖母被昇天』を観ると、ネロ少年の心を思って悲しみが胸に迫り、つい涙ぐんでしまうのである。

この随筆文は全体的に「今年の春」のことが書かれていますが、ある部分だけ時間が変化しています。それは《**幼少のころの私は、この物語を読むたびに少年と愛犬の死がいたたまれず、涙にくれた。読めば泣いてしまうことがわかっているのに、それでも毎日繰り返し読んだ。**》という部分です。ここは「幼少のころの体験」が書かれています。

なお、その前の部分は『フランダースの犬』という作品のあらすじを説明した部分です。ここは筆者の体験でも気持ちでもありませんが、幼少のころの筆者がなぜ泣いたのかを知ってもらうために、この作品を説明した部分です。

ルーベンスの祭壇画の鑑賞を終えた私は、スヘルデ川へと足を延ばしたくなった。スヘルデ川はフランス、ベルギー、オランダを流れる国際河川で、ここアントワープは流域の貿易の要所として栄え、今でも大聖堂を目印として各国の貿易船が行き来している。

太陽はすでに西に傾き、薄暗くなってきた。昼間よりいっそう肌寒くなったせいか、川の周辺の人影もまばらだ。

前回ここを訪れたときは真夏だったので、観光スポットとして人気のこの場所はたくさんの人でにぎわっていた。燦々と太陽の光が降り注いでいた川周辺の光景が懐かしく思い出される。

暮れなずむ川に、残光がきらきらと反射する。水面が宝石市場となる。

過去の体験

川を渡る風に吹かれて、さまざまな国旗をつけた船の往来をぼんやり眺めていると、「どちらからいらしたの？」と背後から不意に声をかけられた。

振り向くと、若い女性がほほ笑んで立っていた。突然のことにびっくりして戸惑っていると、「中国かしら？それとも日本？」と聞かれたので、あわてて「日本です」と答えた。

「もしかしたら日本人かもしれないと思って、声をかけてみたくなっちゃったの」と彼女は親しみを込めた声で言い、「実は、私の父は日本人なの。だから、私にも日本人の血が流れているのよ」

そう言われて、彼女をじっと見つめた。確かに彼女の姿には、ヨーロッパ人と日本人の雰囲気を併せ持ったような美しさがある。日本人の血が流れているという彼女の優しい笑顔に警戒心がとけ私も微笑んだ。

彼女の名はカレンといい、ドイツから来たという。イギリスに留学していた日本人の父親が、同じく留学していたアントワープ出身の母親と出会い、国際結婚をしたという。結婚後、二人はドイツに住居を構え、そこでカレンは生まれたという。国境をまたいだスケールの大きい恋の話に、じっと聞き入ってしまった。

「それでは、今日はお母さまの実家に遊びにいらしたのね？」と聞くと、カレンの表情がふと寂しげなものに変わった。

「ちょうど一年前に、母は亡くなったの」

そうつぶやいたカレンは大きな瞳を潤ませた。

彼女にとってアントワープへの訪問は、母親を偲ぶ旅であるとともに、悲しみとともにさすらう旅なのかもしれないと思い、せつなくなった。

この随筆文も前半の文章の続きですから、全体的に「今年の春」のことが書かれています。しかし、ここでも時間が変化している部分があります。それは**《前回ここを訪れたときは真夏だったので、観光スポットとして人気のこの場所はたくさんの人でにぎわっていた。》**という部分です。ここだけが「過去（前回訪れたとき）の体験」が書かれています。いつのことなのかは不明ですが、季節は真夏だということがわかります。

ドリル

中学入試を制する
国語の「読みテク」トレーニング
随筆文

【ドリル】1

「過去の自分を大切にする」

澤穂希

■次の文章を読んで、あとの問いに答えなさい。

第一場面

私自身、過去のプレーで忘れられないのは、2004年にひざを大怪我《けが》した時のことです。

私は当時、右ひざに痛みを感じながらプレーしていました。でも、なでしこジャパンは、アテネ五輪最終予選という、とても大事な大会を戦っていたので、私は痛みを我慢しながらプレーを続けていました。すると、右足でパスを出した瞬間、ひざが「ガクッ」ときた感じがしました。半月板を損傷《そんしょう》してしまったんです。痛みはさらに悪化して、歩くだけでも激痛が走るようになりました。そんな状態の中、アジア最大の強豪、北朝鮮と「勝ったほうがオリンピック。負けたら予選敗退」という大一番に臨まな

問1 場面ごとに「筆者の体験」と「筆者の心情（気持ち・考え）」を、指定字数でまとめましょう（句読点を含む。以下同）。

●第一場面

【筆者の体験】100字程度

100字

くてはなりませんでした。「よりによって、私はどうしてこんな時にこれほどのケガをするんだ」と、自分を責めていました。原因となったパスも「左足で出していれば、こうはならなかったのかもしれない」と思うと、「なんてバカなことをしたんだろう」と、悔しさばかりがこみ上げてきたものです。

第二場面

運命の北朝鮮戦は、痛み止めのおかげで何とかピッチに立ちました。今でも不思議なのですが、試合が始まるとなぜか痛みを忘れて、90分間、全力でプレーすることができました。痛みに気づいたのは、試合終了の笛《ふえ》が鳴った直後でした。「私のひざは、よく持ちこたえてくれたな」と思うばかりの状態でした。

いま、あらためて怪我をした当時のことを振り返ってみると、全力で、ベストのプレーをした結果の怪我だから、後悔はしていないと胸を張って言うことができます。もしもタイムマシンがあって、私がまたあの瞬間に戻って、同じ場面を迎えたとした

［筆者の心情］50字程度

50字

●第二場面
［筆者の体験］50字程度

50字

第二場面

ら、やはり私は痛む右足でパスを出していたんじゃないかなと思います。なぜならば、それがあの場面での最適なプレーだったと思うからです。

〈澤穂希『夢をかなえる。思いを実現させるための64のアプローチ』（徳間書店）より〉

［筆者の心情］80字程度

80字

問2 文章全体を通して筆者が最も言いたかったことを、70字程度でまとめましょう。

70字

3/13

2【ドリル】「人の大切さ」

※オリジナルの文章

■次の文章を読んで、あとの問いに答えなさい。

第一場面

高校一年生のとき、中学時代からの親友と学校で大ゲンカになったことがある。ケンカの理由はすぐに忘れてしまったし、今ではまったく思い出せないのだから、どうせたいしたことではないのに違いない。それでも、そのときはそれぞれに自分が正しいのだとかたくなに思い込み、お互いに一歩も譲らず、無視し合った。

第二場面

ざらついた気持ちのまま学校での一日が終わった。いつもなら親友と共に帰る駅までの道を、一人で全力で走り、ホームに滑り込んできた電車に急いで飛び乗った。

息が上がって苦しい。閉まったドアに背中をもた

問1 場面ごとに「筆者の体験」と「筆者の心情（気持ち・考え）」を、指定字数でまとめましょう。

●第一場面

【筆者の体験】30字程度

（30字の解答欄）

【筆者の心情】20字程度

（20字の解答欄）

せかけて息を整えていると、派手な色彩の中吊り広告が目に入った。

人は人に傷つきます。
ケンカの相手に
失恋した相手に。
でも、傷ついたあなたを
癒してくれるのも
やっぱり人です。
大切な人へ
真心を贈りませんか。

あるデパートのお歳暮の宣伝広告だった。
偶然目にしたそのコピーは私の気持ちを変える不思議な力に満ちていた。ひょうきんで、いつもみんなを笑わせる親友のありがたみに改めて気づかされ、いがみ合っていることがくだらなく思えてきた。

第二場面

●第二場面
【筆者の体験】50字程度

50字

【筆者の心情】50字程度

50字

●第三場面
【筆者の体験】50字程度

親友が帰宅するころを見計らって電話をかけ、「今日はごめんね」と素直に謝った。しばらく沈黙が続いた。心臓がドキドキしている。

「なんのことだっけ？　もう忘れちゃったよ」

いつものおどけた調子のセリフが耳に入ってきた。

第三場面

私はホッと胸をなでおろした。すると、それに続いて、ちょっとしんみりしたように「私のほうこそ、ごめん」という声が聞こえた。

私たちはどちらからともなく笑った。笑い合った。そして学校で話せなかったぶん、いつも以上におしゃべりを楽しんだ。

【筆者の心情】50字程度

50字

50字

問2　文章全体を通して筆者が最も言いたかったことを、40字程度でまとめましょう。

40字

【ドリル】3

「読書の魅力」

※オリジナルの文章

■次の文章を読んで、あとの問いに答えなさい。

第一場面

私は中学時代、作家志望の少女だった。

原稿用紙を肌身離さず持ち歩き、移動中の電車の中や公園のベンチなど、どこであろうとおかまいなしに、思い浮かんだ詩や散文を書きなぐっていた。

読む本は、いわゆる文豪と呼ばれる大作家のものばかりだった。とりわけ海外の文学に憧《あこが》れを抱いていたので、カミュやボードレール、ドストエフスキーなどの作品を手にしては、やたらと赤線を引きまくっていた。

しかしながら、仕方のないこととはいえ、知識は貧困、思考は未熟、おまけに人生経験が決定的に不足している中学生にとって、心の底から共鳴《きょうめい》でき

問1 場面ごとに「筆者の体験」と「筆者の心情（気持ち・考え）」を、指定字数でまとめましょう。

●第一場面

【筆者の体験】90字程度

90字

【筆者の心情】40字程度

ることなど何一つなかった。何も理解できていないのに、「難しい名作を読破した」という経験を重ねることにのみ酔っていたのだろう。

第二場面

そんな私が、高校生になったばかりの春に、フランソワーズ・サガンの『悲しみよこんにちは』と出会った。さほどの期待も持たずに読み始めたのだが、その抑制された文体に、ただただ驚き、圧倒された。サガンの文学的才能に、私の希望はぺしゃんこにつぶされたのである。

サガンはこのデビュー作を十八歳のときに書いたという。十八歳――自分とさほど変わらない年齢の女性が、これほど面白くて完成された世界を描き出したという事実に、私は打ちのめされた。作家志望であるなどということは、恥ずかしくて死んでも口に出せないと思った。

第三場面

ただ、ショックは受けたものの、この本に出会ったことで、私の読書に対する価値観は大きく変化することになった。

40字

●第二場面

【筆者の体験】40字程度

40字

【筆者の心情】50字程度

50字

サガンの生活は若いころからなかなか「刺激」に満ちていたようだが、そうした体験がほぼそのまま小説として描かれている。少なくとも、嘘《うそ》は書いていない。描かれた世界が彼女自身の体験に近ければ近いほど、私もゾクゾクするほどの興奮を覚えた。

それまでは「作家志望なのだから、これくらいの作品は読んでおかなければ」という義務感から、有名な作家の名作や難解な超大作ばかりを追いかけていた。そして、夢中でページをめくることも、なんら感情を揺さぶられることもないまま読み終えるということもしばしばだった。しかし、この一冊によって、私は本当の読書の魅力を知ったのだと思う。

それからは、誰が書いたのか、世間の評価はどうか、などということはまったく考えずに本を選ぶようになった。本から何かを吸収できるとしたら、読みたいものを夢中で読んでいるときだけ、という当然のことを実感できるようになったのだ。

●第三場面

［筆者の体験］60字程度

60字

［筆者の心情］90字程度

90字

私を打ちのめしたサガンに、感謝しなければならない。

問2 文章全体を通して筆者が最も言いたかったことを、90字程度でまとめましょう。

90字

4 【ドリル】

「料理の師匠《ししょう》」

■次の文章を読んで、あとの問いに答えなさい。

第一場面

幼いころ、祖母が料理をする姿を眺めるのが好きだった。祖母はひとたびキッチンに立つと、丸のままの野菜、肉や魚などを手際よくさばき、次々とごちそうに変えていく。まるで魔術を見ているような驚きと爽快感《そうかいかん》があったのだ。

第二場面

小学生になった私は、夏休みに一週間ほど、祖母の家に泊まることになった。初めての一人での外泊である。ある日、昼食の支度をしている祖母に、私は「野菜を切ってみたい」とせがんだ。母には何度せがんでも「まだ危ないから」と言って絶対に包丁を握らせてもらえなかったから、一人で泊まるこの機会を密かに狙っていたのである。

問1 場面ごとに「筆者の体験」と「筆者の心情（気持ち・考え）」を、指定字数でまとめましょう。

●第一場面

【筆者の体験】30字程度

（30字）

【筆者の心情】40字程度

（40字）

祖母は拒否することなく、まな板の位置、包丁の持ち方、野菜を押さえるときの左手の添え方を説明してくれた。そして、包丁を握らせた私の右手を、自分の右手で包むようにつかみ、まな板にのっているキュウリを一回切った。切るというより、上から押さえるような感じなのだと思った。

「今度は自分だけでやってごらん」

そう言われ、私は同じようにキュウリに包丁を当てた。添えた左手を切らないように、緊張感を保ったまま、コトン、コトンと、キュウリに五回ほど包丁を入れたときのうれしさは、今でも忘れられない。

第三場面

それからはキッチンに祖母が立つときは常にそばに寄り添い、食事の支度を手伝った。祖母は私の幼い手をつかみながら、野菜の皮をむいたり、鍋を火にかけたり、あらゆることに挑戦させてくれた。手伝うどころか足手まといにしかならず、支度にはふだんの倍以上もの時間がかかったが、私が「やりたい！」と言ったことはすべて見守りながらやらせて

●第二場面

【筆者の体験】90字程度

90字

【筆者の心情】50字程度

50字

くれた。

技術的にできることが少しずつ増えていくと、祖母は食材それぞれに個性があり、その個性をどう生かせば美味しくなるかという知恵や知識を授けてくれた。

第三場面

「昆布のダシをとるときは水から火にかけるのよ」

「タマネギは縦に切るか横に切るかで味が変わるの。今日はサラダに使いたいから横に切ってね」

驚きながらも、そのコツにしたがって作ると、本当にひと味違う料理ができて、名コックになったような気分になった。

切る、煮る、焼くなど、料理の基本的なことがひととおりできるようになったとき、祖母は私に味噌汁作りを任せてくれた。私が生まれて初めてつくった味噌汁を、祖母は「美味しい！ いい仕事したわね」とほめてくれた。


夏休みも終わりに近づき、自宅に戻る日がきた。料理の楽しさを思う存分味わった私は、帰宅をする

●第三場面
【筆者の体験】80字程度

80字

【筆者の心情】40字程度

40字

●第四場面
【筆者の体験】50字程度

と、得意になって「今日のお味噌汁は私が作る！」と言った。びっくりしている母に、「ずっと食事の支度を手伝っていたの。才能あるってほめられたのよ」と言い、「大丈夫だから心配しないで」と念を押した。

第四場面

その日の夜、私はとっておきの自信作を家族に振る舞った。

「手際がいいわね。それにとっても美味しい」

母はうれしそうにそう言うと、翌日から私が包丁を握ることを認めてくれた。

私が今、料理研究家として仕事ができているのは、足手まといになる幼い私をやさしく見守りながら教えてくれた祖母のおかげだと思っている。

【筆者の心情】40字程度

50字

40字

問2　文章全体を通して筆者が最も言いたかったことを、40字程度でまとめましょう。

40字

【ドリル】5

「いま生きているという冒険」石川直樹

■次の文章を読んで、あとの問いに答えなさい。

第一場面

旅に出るようになった一番のきっかけは読書です。小学生のころから本を読むのがとにかく好きで、国語の時間などは授業そっちのけで、勝手に教科書を読みすすめていました。古い探検ものはもちろん、ノンフィクションから小説まで、さまざまなジャンルの本と出会うなかで、描かれている風景を自分でも見てみたい、その光景のなかに身を置いてみたいと強く思うようになりました。

一人で高知に行ってから、海外への憧《あこが》れは強くなる一方でした。いったいどんな世界がそこに待っていて、そもそも世界とはいったい何なのだろう。家と学校との往復を繰り返しながら、ぼくは昼休みや通

問1 場面ごとに「筆者の体験」と「筆者の心情（気持ち・考え）」を、指定字数でまとめましょう。

●第一場面

【筆者の体験】30字程度

30字

【筆者の心情】60字程度

60字

学する電車のなかで言葉によってつむがれる世界を恐る恐る、しかし強い好奇心をもって旅していたのです。

第二場面

実際に世界への一歩を踏み出したのは高校二年のときでした。若い頃バックパッカーだった高校の世界史の先生が、ある日の授業中にインド旅行の話をしてくれました。授業は聞かなくても、雑談になると自分はいつも耳をそばだてます。そういうところに先生の人柄が現れるからです。

そのときぼくはすでにインド旅行記をいくつか読んでいましたから、先生の話がことさら目新しいということはありませんでした。むしろ、そういう旅をしている人が身近にいる、ということのほうに驚きました。いま考えると、どうも自分は長旅をする人が特殊な人だと思っていた節があります。

授業の最後に先生が言いました。「インドを旅してみる気はないか。興味のあるヤツは放課後におれ

●第二場面

【筆者の体験】80字程度

80字

【筆者の心情】80字程度

80字

のところへこい」。

第二場面

話を聞きに行ったのは、ぼく一人だけでした。高校二年といえば、そろそろ受験や就職について考える時期なので、みんな旅行どころではなかったのでしょう。安宿に泊まり、混沌《こんとん》としたインドの街なかを人々にもまれながら旅する先生の話は魅力的で、ぼくはどうしてもインドに行きたいと思うようになりました。「いつか」ではなく、「いま」行きたいと思ったし、「きっと」行くのではなく「絶対」に行こうと思いました。

第三場面

通っていた高校ではアルバイトが禁止されていましたが、内緒で日雇いの引っ越し手伝いのアルバイトをはじめ、半年間で貯金もあわせて十二万円ほど貯めました。聞いたこともない航空会社の格安航空券を買い、安宿を泊まり歩けば、物価の安いインドならなんとか一カ月間は暮らせるはずです。

親にもそれとなくインド一人旅の話を切り出してみました。こういうことに関しては比較的おおらか

●第三場面
【筆者の体験】160字程度

160字

な家庭だと思っていましたが、それでもやはりいい返事はもらえません。「どうしてもアジアに行きたいなら、期間は一週間くらいにして、安全なシンガポールあたりにしなさい」と言われました。シンガポールに行く気はまったくありませんでしたが、ぼくはそこで一応うなずきました。ただしタイのバンコク経由でシンガポールに行くと言って、バンコクからインドに飛んでしまおうと思ったのです。

日本―バンコク往復のチケットを買い、バンコクにある現地の旅行会社でインド行きのチケットを買うと、日本から直接インドに行くより安くあがることがわかりました。七月も終わりに近いハイシーズンでしたが、チケットの総費用は七万円ほどでした。予算総額は十二万円なので、自動的に残りの五万円弱がインドでの一カ月間の生活費となります。

インド大使館に行ってビザをとり、いよいよ準備万端です。出発前、世界史の先生は餞別代わりに分厚い英語のガイドブック『ロンリープラネット』を

［筆者の心情］150字程度

150字

第三場面

ぼくにくれました。一九九四年、高校が夏休みに入った直後、目一杯ふくれあがった黒い小さなリュックサックを背負って、ぼくはひとりバンコクへと旅立ちました。

〈石川直樹『いま生きているという冒険』(よりみちパン!セ)より〉

問2 文章全体を通して筆者が最も言いたかったことを、90字程度でまとめましょう。

90字

6 【ドリル】

「父親の影響」 柳井正

■次の文章を読んで、あとの問いに答えなさい。

第一場面

　ぼくの父は、古いタイプの商売人であった。義理人情に厚く、生業家業といった観点で仕事をし、企業家とか経営者といった観点はなかった。商売とはこういうもの、実践そのものだ、と教わったのも父親からであった。父の姿をみてこれじゃいけないと思ったこともある。教師であり、反面教師でもあったといえよう。父親の影響が非常に強いのは事実だ。

第二場面

　父は、一九四九年（昭和二十四年）、山口県宇部市で「メンズショップ小郡商事」という紳士服小売を始めた。おもにスーツを売る店で、上等なスーツを着こなしたい銀行や証券会社の人たちがよく買い

問1 場面ごとに「筆者の体験」と「筆者の心情（気持ち・考え）」を、指定字数でまとめましょう。

●第一場面

【筆者の体験】30字程度

（30字）

【筆者の心情】40字程度

（40字）

第二場面

に来てくれていた。

もともと親類の多くが九州や山口で洋服屋、紳士服店をやっていた。父は尋常《じんじょう》小学校を出てから伯父の店に奉公にいき、それから宇部に出てきて独立開業している。最初はオーダーも扱っていたが、そのうち既製服の販売を中心にしていった。

ぼくが中学生になったころ、父は洋服とはまったく違う畑の建設会社を始めた。というよりも、当時の言葉で「土建屋《どけんや》」といったほうがいい。いま話題になっている談合とか癒着《ゆちゃく》とか、政治家がらみの仕事が日常の時代で、よい意味でも悪い意味でも彼の性分に合っていたようだ。地元の国会議員の後援会長をやったり、大企業の経営者との親交もあり、いわゆる地方の小都市やどの町にもいる「ボス」のようなタイプの人間。本人も言っていたが、もっと若いときから土建屋をやっていれば、洋服屋よりもっと成功していたはずだ。

父は気性が激しく厳しい人だったので、できるだ

●第二場面

【筆者の体験】50字程度

50字

【筆者の心情】50字程度

50字

●第三場面

【筆者の体験】60字程度

け会わないようにして過ごしていた。とにかく怖かった。よく仕事もするけれど、付き合いが多くて宴会も日常茶飯事だったため、夜遅く帰ってくる。ぼくはそれで早寝のくせがついたのかもしれない。たまに会うと、叱られる。

第三場面

今から思うと、それが激励だったのかもしれないが、こちらはひたすら叱られているようにしか感じなかった。ぼくは姉一人妹二人に挟まれた男一人なので、たくましく強く育ってほしいという期待も、相当あったと思う。出来の悪い息子だったので、よく手を上げられたりもした。小さいころから「何でも一番になれ」と言われたことを思い出す。父親が子供を教育するとはこうすべきだ、という概念が頭の中にできていたような気がする。褒められたのは、高校と大学に合格したときぐらいのものだろう。

第四場面

父のそんな姿を見ながら、生活のすべてを賭けるような日々が商売だとすると、ぼくにはぜんぜん向

60字

【筆者の心情】80字程度

80字

●第四場面

【筆者の体験】110字程度

第四場面

いていないな、とずっと思っていた。しかし、その洋服屋の跡を継ぎ、さらにその延長線上にあるユニクロへのなりゆきと父の生涯とは、今更ながら不思議な因縁があると感じざるをえない。

まず、父が個人で洋服屋を始めた一九四九年（昭和二十四年）に、ぼくが生まれている。父は一九八四年（昭和五十九年）四月に脳溢血《のういっけつ》で倒れた。その年の六月にユニクロ一号店を出した。九月には父が社長から会長に退き、専務のぼくが社長になった。

一九九九年（平成十一年）二月一日に東証一部に上場し、それを父に報告して五日後の夕食のあと父は亡くなった。翌七日は、ぼくの五十歳の誕生日、父は七十九歳の生涯を終えた。葬儀では「父はぼくの人生最大のライバルでした」と遺影に向かって述べた。ぼくが、人前であれだけ涙を流したのは初めてだった。

〈柳井正『一勝九敗』（新潮文庫）より〉

［筆者の心情］70字程度

110字

70字

問2 文章全体を通して筆者が最も言いたかったことを、90字程度でまとめましょう。

90字

【ドリル】7

「私の個人主義」 夏目漱石

■次の文章を読んで、あとの問いに答えなさい。

第一場面

私は大学で英文学という専門をやりました。その英文学というものはどんなものかとお尋ねになるかも知れませんが、それを三年専攻した私にも何が何だかまあ夢中だったのです。その頃はジクソンという人が教師でした。私はその先生の前で詩を読ませられたり文章を読ませられたり、作文を作って、冠《かん》詞《し》が落ちていると云って叱られたり、発音が間違っていると怒られたりしました。試験にはウォーズウォースは何年に生れて何年に死んだとか、シェクスピヤのフォリオは幾通りあるかとか、あるいはスコットの書いた作物を年代順に並べてみろとかいう問題ばかり出たのです。年の若いあなた方にもほぼ

問1　場面ごとに「筆者の体験」と「筆者の心情（気持ち・考え）」を、指定字数でまとめましょう。

●第一場面

【筆者の体験】110字程度

110字

第一場面

想像ができるでしょう、はたしてこれが英文学かどうだかという事が。英文学はしばらく措《お》いて第一文学とはどういうものだか、これではとうてい解るはずがありません。それなら自力でそれを窮《きわ》め得るかと云うと、まあ盲目の垣覗《かきのぞ》きといったようなもので、図書館に入って、どこをどううろついても手《て》掛《がかり》がないのです。これは自力の足りないばかりでなくその道に関した書物も乏《とぼ》しかったのだろうと思います。とにかく三年勉強して、ついに文学は解らずじまいだったのです。私の煩悶《はんもん》は第一ここに根ざしていたと申し上げても差支ないでしょう。

第二場面

私はそんなあやふやな態度で世の中へ出てとうとう教師になったというより教師にされてしまったのです。幸に語学の方は怪《あや》しいにせよ、どうかこうかお茶を濁《にご》して行かれるから、その日その日はまあ無事に済んでいましたが、腹の中は常に空虚《くうきょ》でした。空虚ならいっそ思い切りがよかったかも知れませんが、何だか不愉快な煮え切らない漠然たるものが、

【筆者の心情】１２０字程度

120字

●第二場面

【筆者の体験】80字程度

至る所に潜んでいるようで堪《た》まらないのです。しかも一方では自分の職業としている教師というものに少しの興味ももち得ないのです。教育者であるという素因の私に欠乏している事は始めから知っていましたが、ただ教場で英語を教える事がすでに面倒なのだから仕方がありません。私は始終中腰で隙《すき》があったら、自分の本領へ飛び移ろう飛び移ろうとのみ思っていたのですが、さてその本領というのがあるようで、無いようで、どこを向いても、思い切ってやっと飛び移れないのです。

　私はこの世に生れた以上何かしなければならん、といって何をして好いか少しも見当がつかない。私はちょうど霧の中に閉じ込められた孤独の人間のように立ち竦《すく》んでしまったのです。そうしてどこからか一筋の日光が射《さ》して来ないかしらんという希望よりも、こちらから探照灯を用いてたった一条《ひとすじ》で好いから先まで明らかに見たいという気がしました。ところが不幸にしてどちらの方角を眺めてもぼんやり

【筆者の心情】１２０字程度

80字

120字

第二場面

しているのです。ぼうっとしているのです。あたかも嚢《ふくろ》の中に詰められて出る事のできない人のような気持がするのです。私は私の手にただ一本の錐《きり》さえあればどこか一カ所突き破って見せるのだがと、焦燥《あせ》り抜いたのですが、あいにくその錐は人から与えられる事もなく、また自分で発見する訳にも行かず、ただ腹の底ではこの先自分はどうなるだろうと思って、人知れず陰欝《いんうつ》な日を送ったのであります。

第三場面

私はこうした不安を抱いて大学を卒業し、同じ不安を連れて松山から熊本へ引越し、また同様の不安を胸の底に畳んでついに外国まで渡ったのであります。しかしいったん外国へ留学する以上は多少の責任を新たに自覚させられるにはきまっています。それで私はできるだけ骨を折って何かしようと努力しました。しかしどんな本を読んでも依然として自分は嚢の中から出る訳に参りません。この嚢を突き破る錐は倫敦中探して歩いても見つかりそうになかったのです。私は下宿の一間の中で考えました。つま

● 第二場面

[筆者の体験] 60字程度

60字

[筆者の心情] 160字程度

らないと思いました。いくら書物を読んでも腹の足《たし》にはならないのだと諦《あきら》めました。同時に何のために書物を読むのか自分でもその意味が解らなくなって来ました。

この時私は始めて文学とはどんなものであるか、その概念を根本的に自力で作り上げるよりほかに、私を救う途はないのだと悟ったのです。今までは全く他人本位で、根のない萍《うきぐさ》のように、そこいらをでたらめに漂よっていたから、駄目であったという事にようやく気がついたのです。

〈夏目漱石『私の個人主義』より〉

160字

問2 文章全体を通して筆者が最も言いたかったことを、110字程度でまとめましょう。

110字

【ドリル】8

「パパは塾長さん」三田誠広

■次の文章を読んで、あとの問いに答えなさい。

第一場面

私は、昭和二十三年生まれで、いわゆる「ベビーブーム」世代にあたる。それだけに、「受験」という言葉には、拒否反応に近い敏感さがある。中学生の頃から、この言葉には苦しめられてきた。

私はけっして「優等生」ではなかった。中学生まではまずまずの成績で、学区内で最高レベルの公立高校に進学したのだが、入ったとたんに「劣等生」になってしまった。

当時は東京でも、日比谷、西、戸山といった公立高校が有名だったが、私のいた大阪でも、北野、大手前、天王寺の三校が進学校として有名だった。当時はこの三校で、京大合格者数のトップを競い合っ

問1　場面ごとに「筆者の体験」と「筆者の心情（気持ち・考え）」を、指定字数でまとめましょう。

●第一場面

【筆者の体験】120字程度

120字

ていた。私の実家の学区には大手前高校があったから、迷わずに大手前を受験することにした。

中学までの私は、数学と理科が得意で、科学者になりたいと考えていた。湯川秀樹の出た京都大学に憧れていた。だがまた、文学にも興味をもち始めてもいた。作家になるなどということは考えてもいなかったのだが、とにかく本はよく読んでいた。

高校に入っても、本ばかり読んでいた。何しろ学区で最高の高校だから、試験に合格して入ってくるのは、優等生ばかりだ。勉強もせずに本ばかり読んでいては、成績が下がるのも当然だった。

当時は「四当五落」という言葉が流行っていた。四時間しか寝ない受験生は目標の大学に合格するけれども、五時間も寝ると落ちてしまうというわけだ。週刊誌がそういうことを書きたてるものだから、プレッシャーを感じてしまった。「受験戦争」の厳しさという点では、いまよりももっと厳しかった気がする。

【筆者の心情】110字程度

110字

●第二場面
【筆者の体験】90字程度

ベビーブーム世代で人数が多かったせいもあるが、世の中全体がいまより貧しかったから、貧富の差が大きかった。しかも私たちの世代の親は、戦争体験者だ。親たちが「貧しさ」について、イメージ豊かに語るものだから、ますますプレッシャーがかかる。

いまさら文句を言ってもしようがないのだが、私が通っていた高校は、呆《あき》れるほどに受験教育一辺倒《いっぺんとう》だった。小学生の受験勉強と違って、高校生の場合は、学習しなければならない教科の範囲が膨大《ぼうだい》なものになる。だから、ゆっくりと時間をかけて「深く考える」ひまはないのだ。次から次へと、まさに「つめこみ教育」という感じで、教科をこなしていかなければならない。

私には、知識欲があった。文学についてだけでなく、哲学についても、科学についても、知りたいことがたくさんあった。だが、自分の知的好奇心のペースと、学校の授業のペースとの間にズレがあっ

90字

【筆者の心情】110字程度

110字

て、毎日の生活は、楽しいものではなかった。そして、大学受験というものに、疑問を抱かずにはいられなかった。

そのような疑問を抱いた生徒が、私の他にも、何人かいた。類は友を呼ぶというわけで、自然に仲間ができた。結局のところ、成績のあまりよくない連中ばかりだ。ある種の早熟さで、政治運動に興味をもったり、私と同じように文学にのめりこんだりして、「四当五落」の受験戦争から脱落したのだが、全員が中学時代は優等生だったわけだから、それなりにプライドをもっている。

第三場面

自分たちの成績がわるいことを、政治や社会のせいにして、あれこれと議論をした。憲法問題とか、実存主義とか、近代人の疎外《そがい》とかいった話をしていた。いまから振り返っても、高校生としては、レベルの高い議論をしていたように思う。私はのちに早稲田の文学部に入り、いわゆる「全共闘運動」をかいまみることになるのだが、大学時代よりも、高校

●第二場面

[筆者の体験] 100字程度

100字

[筆者の心情] 140字程度

第三場面

時代の方が、実りのある議論を交わしていた気がする。

私が驚いたのは、高校一年の時に、自分と同じ学年で、私よりたくさん本を読んでいる高校生と出会ったことだった。学校の成績がわるくなっても、べつに悔しいとは思わなかったが、読書量で負けるのは悔しかった。悔しいから、負けないように、必死になって本を読んだ。そして議論をした。

私に作家としての創造力の最初の萌芽《ほうが》をもたらしてくれたのは、高校時代の仲間たちだった。彼らとの競い合いの中で、私は自分を磨いたのだ。

第四場面

ところで、私は、高校二年の時に一年間、休学したことがある。いまでいう登校拒否だ。もっとも当時は「登校拒否」というような便利な言葉はなかったので、自分の状況を人に説明するのに手間がかかったのだが。

その一年間に、私は大量の本を読んだ。集中してものを考えた。そして、ある種の緊張感と孤独感の

140字

●第四場面

【筆者の体験】80字程度

80字

【筆者の心情】70字程度

中で、初めての小説を書いた。

その「Mの世界」という作品は、当時『文芸』で募集していた「学生小説コンクール」に入選して、『文芸』に掲載されることになった。それが私の、文壇へのデビューになった。私は十八歳の誕生日を前にして、自分は作家になるのだと決意した。

第五場面

休学のために、卒業は一年遅れたのだが、私は三カ月くらい猛勉強をして、早稲田の文学部に入学した。登校拒否をした当時は、自分の人生についても思い惑い、大学受験というものにも疑問を感じていたのだが、作家になるという目標ができると、気持ちがすっきりした。

私の「受験時代」というのは、そのようなものであった。単に大学に入っただけでなく、人生の目標を得ることができた。その人生の目標を私に与えてくれたのは、高校時代の友人たちだった。

いわゆる「受験校」に入って、本当によかったと思うのは、そこにいる「劣等生」のレベルが高かっ

70字

●第五場面

［筆者の体験］60字程度

60字

［筆者の心情］160字程度

第五場面

たことだ。非行とか暴力に走るのではなく、言ってみれば、知的な反抗を試みたのだった。その意味からも、レベルの高い入学試験の関門をくぐるということは、意義のあることなのだ。

名門校に、優れた教師がいるとは限らない。一般の中学、高校にも、優れた先生はたくさんいるはずである。しかし、優れた友人と出会うためには、自らも努力をして、入試の関門をくぐらなければならない。私が次男の中学受験に真剣になるのも、中学や高校、あるいは大学で、素晴らしい友人に出会ってほしいと思うからだ。

〈三田誠広『パパは塾長さん　父と子の中学受験』（河出書房新書）より〉

問2　文章全体を通して筆者が最も言いたかったことを、90字程度でまとめましょう。

160字

90字

9 【ドリル】

灘中学校入試問題（平成二十二年度）

■次の文章を読んで、あとの問いに答えなさい。

第一場面

子どもというのはどのくらい大人なんだろう。なんにもわかってなさそうな顔をしているが、しかし、いろんなことをわかっているものだ。

ともあれ、私はちゃんとわかっていた。幼稚園児のとき、私は本当になんにもできない子どもで、字も読めなけりゃはさみも使えない。何か話しかけられてもすぐに答えられないし、どこかが痛くても痛いとも言えない。おしっこという一言が言えなくて、結果、我慢できずにいつもおもらし。廊下の隅《すみ》で、替え用のパンツに着替えさせてもらう。濡《ぬ》れたパンツはビニール袋に入れられて、持って帰るよう渡される。

ほかの子ができることを自分はなぜかできない、ということを私はわかっていた。話しかけても黙っているか

問1 場面ごとに「筆者の体験」と「筆者の心情（気持ち・考え）」を、指定字数でまとめましょう。

●第一場面

【筆者の体験】１１０字程度

110字

ら、話しかけた子が困っているのが、もう二度と話しかけてくれないのが、わかっていた。ちょっと困った子だと、先生が思っていることをわかっていた。替え用パンツはほとんど自分専用だということもわかっていたし、ビニール袋に詰められた濡れパンツの情けなさもわかっていた。

全部わかっているから、私は絶望した。幼稚園児の絶望なんてたいしたことないと思うかもしれないが、世界が狭いぶん、絶望の色合いはうんと濃いのだ。だってそこしかいるところがないんだから。

私って、きっとずっとこんな感じなんだろうなあ、と、大人語に変換すればそんなようなことを、私は漠然と思っていた。だれともうまく話せなくて、だから友達もできなくて、みんなのできることはずっとできないで、なんだか格好悪くて、先生や親を困らせて、楽しいと思うようなことがあんまりない。そういう場所で、こういう具合に私はずっと生きていくんだろうなあ。いやだけど、ほかにどうしようもないもんなあ。幼稚園児の私は大人語をまだ持っていなかったので、ただぼんやり

【筆者の心情】140字程度

140字

●第二場面

【筆者の体験】70字程度

と重暗い、きゅうくつな気分だけを抱いていた。

　ここを出ていったたって世界はさほど変わらんだろうとわかっていたから、卒園式も、晴れがましい気分ではなかった。いつもよりきれいな服を着せられ、列のうしろについていて、みんなが動けば遅れないように（でも遅れるが）動き、いつもとはまるでちがう一日を、なんとかやりすごした。

第二場面

　まだ空気の冷たい春のはじめ、もはや幼稚園児でもなく、まだ小学生でもない私のもとに、いろんなものが続々とやってきた。学習机、真新しい体操服、運動靴、お道具箱、教科書、ノート、筆箱、鉛筆。そのすべてに母は名前を書いたり縫《ぬ》いつけたりした。

　小学生というものは、なんとまあ所有物が多いんだろうと感心した。これ全部私のものになるんだと、子ども部屋に散らばった、真新しいそれぞれを見て私は思った。やっぱり晴れがましい気分にはなれず、どちらかというと気が重かった。

　汚れたらどうする。忘れたらどうする。なくしたらどうする。私はきっと、おそれることの全部をやらかすだ

【筆者の心情】70字程度

70字

70字

第二場面

ろう。汚して、忘れて、最後にはなくすだろう。私の名前の書かれたさらっぴんのこれらは、みなひとつずつ、世界の隙間《すきま》に落っこちて、永遠に戻ってこないだろう。

第三場面

そんなある日、大きな箱が届いた。きちんと包装されて、リボンがついていた。おばあちゃんからだ、と母親は言った。

もう慣れっこになっていた重苦しい気分で、私は包装紙を破いた。汚すかもしれない、忘れるかもしれない、なくすかもしれない所有物が、またきっと出てくるにちがいない。

出てきたのはランドセルだった。赤くつややかに光っていた。やけに馬鹿でかく見えた。体をうんと折り曲げれば、私自身がすっぽり入れそうだった。下部に留め金があって、開けると、かちゃりと小気味いい音がした。ふたをべろりと持ち上げてなかをのぞいた。ベージュの空洞があった。顔をつっこむと、不思議なにおいがした。くさいというわけではないけれど特別いいにおいでもない。なんだかなつかしいようなにおい。大人語で言えば革のにおいだが、嗅《か》いだことのないそれは、幼稚園

●第三場面

【筆者の体験】110字程度

110字

【筆者の心情】160字程度

児でも小学生でもない私にとって、未来のにおいに思えた。

足をルの字に折って座り、膝にランドセルをのせて、私はぼんやりと、なんにも入っていないなかを眺め続けた。真四角の空洞。それはあいかわらず馬鹿でかく見え、なんだって入るように見えた。こんなものを背負って毎日学校にいくのか。こんなに馬鹿でかけりゃ、なくさなくてすむかもな。

私はふと思いたって、大切にしているぬいぐるみのルルをランドセルに押しこんでみた。入った。しかも、まだまだ余裕がある。気に入りの絵本を入れてみた。幼稚園で使っていた色鉛筆を入れてみた。台所に走っていって、漫画の絵のついた水筒を持ってきて入れてみた。なんだって入った。石ころ。パラソルチョコレート。ひみつのアッコちゃんのコンパクト。スヌーピーのハンカチ。サクマドロップ。入る、入る。来年はもう無理ねと母が言っていた水着。見あたらないと絶望がいや増す水玉の靴下。

「あらやあだ、家出用の鞄《かばん》じゃないのよ、それは」

160字

ランドセルに身のまわりのものを全部つっこもうとしている私に気がついて、母は声をあげて笑った。そんなことわかってる。小学校は、どんなところだか知らないけれど、石ころやルルを持っていくようなところじゃないってことくらい、わかってる。でもね、でもおかあさん。なんかだいじょうぶな気がしてきた。だってこの鞄、なんだって入っちゃうんだもん。

小学校が絶望的な場所だったら、そこでまたもや自分に絶望したら、私はこのランドセルに気に入りのものを全部詰めて、それでそこから逃げていこう。ハンカチや水筒の飛び出た赤いランドセルを見おろして、私はそうひらめいたのだった。どこか、絶望しないでいられる場所をさがして、たったひとり、全財産を持って、逃げよう。そうだそうだ、そうしよう。もうだいじょうぶ。

私の全財産は、ルルでありハンカチであり水筒であり、チョコでありキャラメルでありキャンディであり、石ころであり家族で撮った写真であり、さわるとガチョウが金《きん》になる絵本だった。それだけで生き延びられると私は思っていた。ひとりで、どこかで、大人になるまで

●第四場面
【筆者の体験】80字程度

80字

【筆者の心情】30字程度

30字

●第五場面
【筆者の体験】90字程度

生きていけると。
全財産を押しこんだランドセルにふたをして（かちゃりとまた留め金が鳴った）、両腕を肩バンドに差し入れて背負い、立ち上がった。背負った全財産はあまりにも重く、私はよろよろとうしろによろけた。それを見て母がまた笑った。

第四場面

その夜、父が帰ってくると、母はまた私にランドセルを背負わせて、父とともに笑った。カメラを向けたりもした。自分が笑われているのに私はなぜか怒りも泣きもしないで、なんだかおんなじように愉快な気持ちになって、わざとよろよろしてみせて、それでいっしょに笑った。おばあちゃんに電話をかけてお礼を言うときも、私はずっと笑っていた。

第五場面

その四月に私は小学生になった。「ランドセルに背負われてる」と母に笑われながら、毎日、赤いランドセルを背負って小学校を目指した。
ひょっとしたら赤いランドセルは、もしくは奇妙なにおいのする四角い空洞は、私にとって扉だったのかもしれない。なぜなら私はかつてのように絶望しなくなった

【筆者の心情】70字程度

90字

70字

第五場面

から。おはようと言われればおはようと返せばいい。おかしいことがあったら声を出して笑えばいい。できないことがあったらだれかに助けてと言えばいい。それでもし、世界が依然として私に背を向けるなら、この空洞に全財産を詰めてさっさとどこかへ逃げ出せばいい。

ランドセルからつやが失われ、あちこちにかすり傷ができ、バンドに腕を通すのがきゅうくつに感じられるころには、私はごくふつうの、どこにでもいる小学生になっていた。

誕生日パーティに呼ばれ、数人の友達と秘密を共有し、秘密基地を作り、先生に怒られ、つうしんぼに一喜一憂する、ごくふつうの小学生。全財産を背負って逃げようという必死の覚悟もすっかり忘れ、ただただ、一日一日をせわしなく過ごす。かつて影のようにひっついていた絶望という言葉は、親にばれないように捨ててしまった赤点のテスト用紙ほどに、意味のないものになった。

〈角田光代「ランドセル」より／『Presents』（双葉文庫）所収〉

問2 文章全体を通して筆者が最も言いたかったことを、120字程度でまとめましょう。

120字

10 【ドリル】

慶應義塾中等部入試問題（平成十七年度）

■次の文章を読んで、あとの問いに答えなさい。

第一場面

二階の縁側のガラス戸のすぐ前に大きな楓《かえで》が空いっぱいに枝を広げている。その枝にたくさんな簑虫《みのむし》がぶら下がっている。

去年の夏じゅうはこの虫が盛んに活動していた。いつも午《ひる》ごろになるとはい出して、小枝の先の青葉をたぐり寄せては食っていた。からだのわりに旺盛《おうせい》な彼らの食欲は、多数の小枝を坊主にしてしまうまでは満足されなかった。紅葉が美しくなるころには、もう活動はしなかったようである。とにかく私は日々に変わって行く葉の色彩に注意を奪われて、しばらく簑虫の存在などは忘れていた。

第二場面

しかし紅葉が干からび縮れてやがて散ってしまうと、裸になったこずえにぶら下がっている多数の簑虫が急に目立って来た。大きいのや小さいのや、長い小枝を杖《つえ》のよう

問1 場面ごとに「筆者の体験」と「筆者の心情（気持ち・考え）」を、指定字数でまとめましょう。

●第一場面

【筆者の体験】70字程度

70字

【筆者の心情】40字程度

第二場面

にさげたのや、枯れ葉を一枚肩にはおったのや、いろいろさまざまの格好をしたのが、明るい空に対して黒く浮き出して見えた。それがその日その日の風に吹かれてゆらいでいた。

かよわい糸でつるされているように見えるが、いかなる木枯らしにも決して吹き落とされないほど、しっかり取りついているのであった。縁側から箒《ほうき》の先などではね落とそうとしたが、そんな事ではなかなか落ちそうもなかった。

自分は冬じゅうこの死んでいるか生きているかもわからない虫の外殻《がいかく》の鈴成りになっているのをながめて暮らして来た。そして自分自身の生活がなんだかこの虫のによく似ているような気のする時もあった。

第三場面

春がやって来た。今まで灰色や土色をしていたあらゆる落葉樹のこずえにはいつとなしにぽうっと赤みがさして来た。鼻のさきの例の楓の小枝の先端も一つ一つふくらみを帯びて来て、それがちょうどガーネットのような光沢をして輝き始めた。私はそれがやがて若葉になる時の事を考えているうちに、それまでにこの蓑虫を駆除しておく必要を感じて来た。

たぶんだめだろうとは思ったが、試みに物干し竿《ざお》の長い

40字

●第二場面

［筆者の体験］80字程度

80字

［筆者の心情］30字程度

30字

のを持って来て、たたき落とし、はね落とそうとした。しかしやっぱり無効であった。はねるたびにあの紡錘形《ぼうすいけい》の袋はプロペラーのように空中に輪をかいて回転するだけであった。悪くすると小枝を折り若芽を傷つけるばかりである。今度は小さな鋏《はさみ》を出して来て竿の先に縛りつけた。それは数年前に流行した十幾とおりの使い方のあるという西洋鋏である。自分は今その十幾種のほかのもう一つの使い方をしようというのであった。鋏の発明者も、よもやこれが簑虫を取るために使われようとは思わなかったろう。鋏の先を半ば開いた形で、竿の先に縛りつけた。円滑な竹の肌と、ニッケルめっきの鋏の柄とを縛り合わせるのはあまり容易ではなかった。

　ぶらぶらする竿の先を、ねらいを定めて虫のほうへ持って行った。そして開いた鋏の刃の間に虫の袋の口に近い所を食い込ませておいてそっと下から突き上げると案外にうまくちぎれるのであった。それでもかなりに強い抵抗のために細長い竿は弓状に曲がる事もあった。幸いに枝を傷つけないで袋だけをむしり取る事ができたのである。

　あるものは枝を離れると同時に鋏を離れて落ちて来た。しかしまたあるものは鋏の間に固く食い込んでしまった。

●第三場面

【筆者の体験】１２０字程度

120字

【筆者の心情】１４０字程度

第三場面

始めからおもしろがって見ていた子供らは、落ちて来るのを拾い、鋏にはさまったのをはずしたりした。二人の子が順番でかわるがわる取るのであったが、年上のほうは虫に手をつけるのをいやがって小さなショベルですくってはジャムの空罐《あきかん》へほうり込んでいた。小さい妹のほうはかえって平気で指でつまんで筆入れの箱の上に並べていた。

第四場面

庭の楓のはあらかた取り尽くして、他の木のもあさって歩いた。結局数えてみたら、大小取り交ぜて四十九個あった。ジャムの空罐一つと筆入れはちょうどいっぱいになった。それを一ぺん庭の芝生《しばふ》の上にぶちまけて並べてみた。

一つ一つの虫の外殻にはやはりそれぞれの個性があった。わりに大きく長い枯れ枝の片を並べたのが大多数であるが、中にはほとんど目立つほどの枝切れはつけないで、渋紙のような肌をしているのもあった。えにしだの豆のさやをうまくつなぎ合わせているのもあって、これがのそのそはって歩いていた時の滑稽《こっけい》な様子がおのずから想像された。

なかんずく大きなのを選んで袋を切り開き、虫がどうなっているかを見たいと思った。竿の先の鋏をはずして袋の両端から少しずつ虫を傷つけないように注意しながら

●第四場面

【筆者の体験】70字程度

140字

切って行った。袋の繊維《せんい》はなかなか強靭《きょうじん》であるので鈍い鋏の刃はしばしば切り損じて上すべりをした。やっと取り出した虫はかなり大きなものであった、紫黒色の肌がはち切れそうに肥《ふと》っていて、大きな貪欲《どんよく》そうな口ばしは褐色《かっしょく》に光っていた。袋の暗やみから急に強烈な春の日光に照らされて虫のからだにどんな変化が起こっているか、それは人間には想像もつかないが、なんだか酔ってでもいるように、あるいはまだ長い眠りがさめきらないようにものうげに八対の足を動かしていた。芝生の上に置いてもとの古巣の空《あ》きがらを頭の所におっつけてやっても、もはやそれを忘れてしまったのか、はい込むだけの力がないのか、もうそれきりからだを動かさないでじっとしていた。

もう一つのを開いて見ると、それはからだの下半が干すばって舎利《しゃり》になっていた。蚕《かいこ》にあるような病菌がやはりこの虫の世界にも入り込んで自然の制裁を行なっているのかと想像された。しかし簑虫の恐ろしい敵はまだほかにあった。

第五場面

たくさんの袋を外からつまんで見ているうちに、中空で虫のお留守になっているのがかなり多くのパーセントを占めているのに気がついた。よく見ていると、そのようなの

70字

【筆者の心情】50字程度

50字

●第五場面

【筆者の体験】140字程度

に限って袋の横腹に直径一ミリかそこらの小さい孔《あな》がある事を発見した。変だと思って鋏でその一つを切り破って行くうちに、袋の中から思いがけなく小さい蜘蛛《くも》が一匹飛び出して来てあわただしくどこかへ逃げ去った。ちらりと見ただけであるがそれは薄い紫色をしたかわいらしい小蜘蛛であった。

この意外な空巣《あきす》の占有者を見た時に、私の頭に一つの恐ろしい考えが電光のようにひらめいた。それで急いで袋を縦に切り開いて見ると、はたして袋の底に滓《かす》のようになった簑虫の遺骸《いがい》の片々が残っていた。あの肥大な虫の汁気《しるけ》という汁気はことごとく吸い尽くされなめ尽くされて、ただ一つまみの灰殻《はいがら》のようなものしか残っていなかった。ただあの堅い褐色の口ばしだけはそのままの形をとどめていた。それはなんだか兜《かぶと》の鉢《はち》のような格好にも見られた。灰色の壙穴《こうけつ》の底に朽ち残った戦衣のくずといったような気もした。

この恐ろしい敵は、簑虫の難攻不落と頼む外郭の壁上を忍び足ではい歩くに相違ない。そしてわずかな弱点を捜しあてて、そこに鋭い毒牙《どくが》を働かせ始める。壁がやがて破れたと思うと、もう簑虫のわき腹に一滴の毒液が注射される

【筆者の心情】１４０字程度

140字

のであろう。

人間ならば来年の夏の青葉の夢でも見ながら、安楽な眠りに包まれている最中に、突然わき腹を食い破る狼《おおかみ》の牙《きば》を感じるようなものである。これを払いのけるためには簑虫の足は全く無能である。唯一の武器とする吻《くちさき》を使おうとするとあまりに窮屈な自分の家はからだを曲げる事を許さない。最後の苦悩にもがくだけの余裕さえもない。生物の間に行なわれる殺戮《さつりく》の中でも、これはおそらく最も残酷なものの一つに相違ない。全く無抵抗な状態において、そして苦痛を表現する事すら許されないで一分だめしに殺されるのである。

虫の肥大なからだはその十分の一にも足りない小さな蜘蛛の腹の中に消えてしまっている。残ったものはわずかな外皮のくずと、そして依然として小さい蜘蛛一匹の「生命」である。差し引きした残りの「物質」はどうなったかわからない。

〈寺田寅彦『簑虫と蜘蛛』より〉

問2 文章全体を通して筆者が最も言いたかったことを、80字程度でまとめましょう。

140字

80字

【ドリル】11

開成中学校入試問題（平成二十一年度）

■次の文章を読んで、あとの問いに答えなさい。

第一場面

日本人はお米ばかり食べてきたのでしょう、と外国の友人から聞かれることがよくあるが、日本人がお米を主食にしたのはむしろ近代になってからのことで、それ以前はお米以外の雑穀《ざっこく》がおもな食べ物だった。

このことは私自身の経験からも真実である。私の生まれ育ったのは、日本列島の中央部をつくりなす山がちの地方で、日本のなかでもどちらかというと貧しい田舎だった。この地方では「ほうとう」という郷土料理が有名だった。「ほうとう」のレシピはこうである。大きな鍋《なべ》で鰯の小魚などの干魚を煮て出汁をとったスープに、ネギ・椎茸《しいたけ》・里芋・カボチャなどの野菜をぐつぐつと煮込む。そこに小麦粉をこねて乱切りにしたパスタ状の麺《めん》を放りこむ。そして煮立ったところで、味噌を入れて味をつけると、「ほうとう」ができあがる。味噌で煮込んだ「うどん」とも言える

問1 場面ごとに「筆者の体験」と「筆者の心情（気持ち・考え）」を、指定字数でまとめましょう。

●第一場面

【筆者の体験】170字程度

し、野菜スープに小麦団子を入れた食べ物、と見ることもできる。いずれにしてもまことに田舎風の「雑穀料理」である。

こういう食べ物を、この地方では貧しい人たちもお金持ちも、好んで食べていた。どの家庭へ出かけても、夕飯はたいがいが「ほうとう」で、夜の食べ残しを翌朝温めて食べるとさらにおいしいというので、農作業に出かける前の農民の腹ごしらえもまた、この「ほうとう」だった。少年時代の私の記憶に生々しいのは、石油スタンドと米屋を経営するこのあたりではきわめて裕福だと言われていたS家に、ある夜泥棒が忍びこみ、お腹をへらしていたこの泥棒は主人一家の台所に忍びこんで、その夜の夕食の鍋を盗みだし、土間でそれをこっそりと食べた。翌朝事件を調べていた警察官たちは、土間に転がっていたその鍋から、昨夜の泥棒が「ほうとう」を食べてから逃走したことを知ったのだった。

お米がふんだんに手に入る家庭でさえ、ディナーはその頃はまだ貧しい郷土食と見なされていた「ほうとう」だった（現在では「ほうとう」は観光客にも人気の郷土食となっている）。この噂はたちまち町中にひろがり、日頃なにかとひが目で見られることの多かったS家の人々に、

【筆者の心情】130字程度

130字

170字

第一場面

人々は急になにか温かい気持ちをいだくようになったように感じられた。「あの家の人々も私たちの仲間だったのだ!」。食べ物のもつ象徴的な力は偉大である。お米は「国民国家」の象徴であるのにたいして、「地域文化」を象徴するものは雑穀の料理だったのである。しかもそれは鍋でぐつぐつと長い時間をかけて「煮込んだ」料理でなければならなかった。

第二場面

　さてここからが面白いところである。日本列島には一万数千年も前から、高度に発達した土器をともなう新石器文化がさかんだった。そこで発達した土器は厚手の粘土の表面に美しい「縄目模様」が描かれているので、日本人はたんに「新石器文化」と呼ぶのを好まず、自分たちの先祖たちの築いた文化を愛着をこめて「縄文《じょうもん》文化」と呼んだ。その「縄文文化」がピークを迎えた時代の中心地が、私の育った中部山岳地帯だったのである。

　近年になってこの地方にも高速道路が建設されることになり、その工事現場からつぎつぎと、おびただしい縄文時代の遺跡が出現した。遺物の保存状態は完璧で、数千年前にこのあたりで生活してきた人々の日常生活の再現も可能になってきた。とりわけ彼らがなにを食べていたのかということに、注目が集まった。保存状態のよいあの縄文土器

●第二場面

【筆者の体験】120字程度

120字

【筆者の心情】80字程度

の底には、スープ状になって固まった食べ物の残りが、こびりついたままだったものだから、考古学者が数千年前の食生活を再現するのは、さほど困難な作業ではなかった。

　そうやって再現された「縄文食」を見て、このあたりの人々は驚いた。縄文時代の人々が主食としていたものが、自分たちの主食である「ほうとう」とあまりによく似ていたからである。もちろんずっと後になって中国からもたらされた味噌は、用いられていない。しかし岩塩で味つけされた野菜スープのなかに、ドングリの実をすりつぶして粉にしたものを団子にして、コトコトと長時間かけて煮込んだとおぼしきその「新石器料理」は、その料理のアイディアにおいて、数千年後の子孫たちが好んで食べているものと、まったく同じ精神に貫かれていたのである。

第三場面

　日本列島の各地に伝わる日常的・家庭的な「郷土食」の多くが、同じような事情をかかえている。組織的な灌漑《かんがい》システムをともなった本格的な稲作がはじまってからも、この列島では新石器的な縄文食との直接的なつながりが、保ちつづけられてきた。そうした料理の基本は煮物料理で、お米ではなく小麦や粟などの雑穀がそこでの主役である。お米はそこでは、日常のものではなく、むしろ「聖なるもの」の領域に属する非日常的な食べ物であり、さらに言え

●第三場面
【筆者の体験】１２０字程度

80字

120字

ば税金として権力に収納されていく一種の「貨幣《かへい》」として、きわめて貴重な存在であったのだ。お米はいわば「都市」的なものの象徴であり、それにたいして人々の日常の雑穀的食生活は、コトコトと長い時間をかけて煮込まれた鍋の料理を中心にして、かたちづくられていた。そして鉄の鍋でつくる煮物料理と、厚手の縄文土器でつくられた煮物料理とのあいだには、あきらかな連続性を認めることができるのである。

この列島で、強い火に長時間かけても損傷しにくい厚手の土器を用いた食文化が発達した（しかもその文化は一万年以上も、ここで繁栄しつづけたのである！　こういうことはほかの新石器型文化ではおこらなかった）ことによって、ここには独特の「スローフード哲学」が形成されることになった。考古学者たちは、縄文料理がひどく手間ひまのかかる、スローフードの原型であったことをあきらかにしてきた。遺跡から発掘された調理道具や土器の底の残留物から推測されるのは、スープに煮込まれる野菜がこまかく切り刻まれていたらしいという、ほほえましい事実である。石のナイフと石の大皿を用いて、人々は時間をかけて採集してきた材料をこまかく刻み、それを熱した縄文土器に放りこんで、コトコトと何時間もかけて煮込むのであ

【筆者の心情】１２０字程度

120字

問2　文章全体を通して筆者が最も言いたかったことを、２００字程度でまとめましょう。

る。

火と水とあいだに土器が媒介に入って、この媒介《ばいかい》をなかだちにして、異なる種類の材料がひとつにとけあうまで、時間をかけて煮込む。このとき土器は、この列島に暮らした人々の理想であった「和」を象徴するものとなる。「和」とは「平和」であり「環」でもある。異質なもの同士が個性や個人的権利を主張して戦いあうのではなく、長い時間をかけたネゴシエーションをとおして、自分をおさえるべきところはおさえ、他のよい部分はすすんで自分のなかに取り入れていく、そして他を征服してしまうのではなく、巧妙な媒介をあいだにはさんで異なるもの同士が「環」を形成していく——日本列島の歴史には、ヨーロッパなどにくらべると驚くほどに「内戦」というものがおこらなかったが、そこにもこういう「和」の思想は生きてきた。その原型が、スローフードの典型のような土器料理のうちにすでに存在していたことを知るとき、私たちは料理文化の偉大さに、いまさらながら打たれるのである。

〈中沢新一「土器のなかのスローフード」／『ミクロコスモスI』（四季社）所収〉

200字

◆レッツ・チャレンジ　東京大学入試問題（一九九七年度）

■次の文章を読んで、あとの問いに答えなさい。

第一場面

川の流れを見るのが好きだ。たとえどんな小さな川であろうと、川のうえにあるのは、いつだって空だ。川の流れをじっと見つめていると、わたしは川の流れがつくる川面を見つめているのだが、わたしが見つめているのは、同時に川面がうつしている空であるということに気づく。ふしぎだ。川は川であって、じつは川面にうつる空でもあるということ。すなわち川は、みずからのうちに、みずからの空をもっているということ。

　川の流れをずっと見ていて、いつも覚えるのはそのふしぎな感覚だ。川の流れの絶えることのない動きがうつしているのは、いつだってじっとして動くことをしない空だ。川の流れについてそういう感じ方をもちつづけてきて、なじめないのは、流れという比喩の言葉だ。時の流れ、歴史の流れといったふうに、流れという言葉が比喩として語ら

問1　場面ごとに「筆者の体験」と「筆者の心情（気持ち・考え）」を、指定字数でまとめましょう。

●第一場面

【筆者の体験】20字程度

20字

【筆者の心情】130字程度

れると、ちがうと思う。

　川の流れは、流れさってゆくと同時に、みずからうつすものをそこにのこしてゆくからだ。流れさるものは流れさる。のこるのは、流れさるものがそこにうつす影像だ。時や歴史についていえば、流れとしての時や歴史でなく、流れさる時や歴史がそこにのこす影像こそ、いつだって流れさる時や歴史についてよりいっそうおおくを語りかけてくるように、わたしには思える。

第二場面

　桃の花の咲きはじめる季節に、生まれそだった東北の街の郊外にひろがる桃畑をたずねる機会があり、引っ越してから四十五年経って、かつて短いあいだ暮らしたことのあるサクランボ畑や桃畑のある風景のあいだをあるいたが、たたずまいをいまはすっかり変えた街並みには、記憶の入口となるべきものがまったくない。にもかかわらず、幼い日の記憶が変わらずにそこにのこっていたのは、川だ。

　そこに暮らしていた一学期のあいだだけ通ったそこの小学校のことは、一枚の記念写真もなく、何も覚えていない。ただ通学した小道は覚えていた。小道にそって小川が流れていた。その小川がいまも流れていた。春の日差しをうつす小川は、細かく光りの粒を散らし、小さな流れがこっちにぶつかり、そっちにぶつかって、小道にならんで

130字

●第二場面

【筆者の体験】50字程度

50字

【筆者の心情】160字程度

第二場面

つづく。その川面のかがやきに、幼い日の記憶がそのままにのこっていた。

あとにのこるのは、或《あ》る時の、或る状景の、或る一場面だけだ。こころにそこだけあざやかにのこっている或る場面があって、その一場面をとおして、そのときの日々の記憶が確かなものとしてのこっている。そこだけこころに明るくのこっているものだけが手がかりというしかたでしか、過ぎさったものはのこらない。日々に流れさるもののかなたでなく、日々にとどまるもののうえに、自分の時間としての人生というものの秘密はさりげなく顕《あら》われると思う。

第三場面

木下杢太郎の、とどまる色としての青についての詩を思いだす。

ただ自分の本当の楽しみの為めに本を読め、
生きろ、恨むな、悲しむな。
空《くう》の上に空《くう》を建てるな。
思ひ煩ふな。
かの昔の青い陶の器の
地の底に埋れながら青い色で居る――
楽しめ、その陶の器の

160字

●第三場面

【筆者の体験】30字程度

30字

【筆者の心情】80字程度

青い「無名」、青い「沈黙」。

（「それが一体何になる」）

人生とよばれるものは、わたしには、過ぎていった時間が無数の欠落のうえにうつしている、或る状景の集積だ。親しいのは、そうした状景のなかにいる人たちの記憶だ。自分の時間としての人生というのは、人生という川の川面に影像としてのこる他の人びとによって、明るくされているのだと思う。

書くとは言葉の器をつくるということだ。その言葉の器にわたしがとどめたいとねがうのは、他の人びとが自分の時間のうえにのこしてくれた、青い「無名」、青い「沈黙」だ。

〈長田弘「自分の時間へ」／『記憶のつくり方』（晶文社）所収〉

問2 文章全体を通して筆者が最も言いたかったことを、100字程度でまとめましょう。

80字

100字

※小学生向けの問題集であることから、引用文において難読漢字に振りがなを付した箇所があります。また、明白な誤記は訂正しました。

おわりに

このドリルでは、入試問題の「随筆文」を読み取る際に大切なポイントについて書かせていただきました。

国語の入試問題の難しさは、「制限時間内で正確に読み解くこと」にあります。そのためには、漠然とした読み方ではなく、短時間で文章の内容をつかみ、他人に説明できるレベルの読み方を身につける必要があるのです。

文章の情報を的確にキャッチする力を身につければ、国語だけではなく、他の科目においても断然有利です。文章の要約という地道な作業を、ふだんの家庭学習に少し組み込むだけで、学力は確実に向上するはずです。

入試に向けての国語の基礎力向上にはもちろんのこと、何をどう勉強していいかわからず、不安を抱いている受験生の学習に最適です。なぜなら、文章を要約する力はすべての教科に通じる重要な礎となるからです。

入試問題の読解はもちろんですが、書籍などの内容を正確に理解する力の向上に本書を役立てていただけることを心より願っております。

早瀬　律子

入試に出題されたおすすめの10冊

このドリルで学習を終えたお子さまに、過去の入試に出題された文章の載っている書籍を紹介します。この10冊は読解問題で扱われることの多いテーマが盛り込まれています。本書で学んだテクニックで、ぜひ楽しみながら理解を深めてください。

- 五木寛之『生きるヒント（1）～（5）』（角川文庫）
- 宇野千代『行動することが生きることである』（集英社文庫）
- 小栗康平『時間をほどく』（朝日新聞社）
- 群馬直美『木の葉の美術館』（世界文化社）
- 幸田文『雀の手帖』（新潮文庫）
- 光野桃『実りを待つ季節「幼なじみ」』（新潮社）
- さくらももこ『あのころ』（集英社文庫）
- 真田信治『方言は気持ちを伝える』（岩波ジュニア新書）
- なだいなだ『こころのかたち』（毎日新聞社）
- 西澤潤一『独創は闘いにあり』（プレジデント社）

著者プロフィール

早瀬 律子（はやせ りつこ）

国語を中心とした受験専門教師、受験カウンセラー、セミナー講師。プライムミッションゼミ代表。早稲田大学大学院アジア太平洋研究科修了（国際関係学専攻）。徹底した入試対策指導で、東京の「御三家」や早慶などを中心にした第一志望校の合格率は毎年95％以上。自らも母親として受験を乗り越えた経験を持ち、子どもの学習面・健康面・精神面のサポート方法をはじめ、母親のメンタル・ケアを含めたトータルな受験対策カウンセラーとしても高い人気を得ている。毎月開催している“母親自身が入試国語の解法を学べる”「お母さま塾　国語の読解必勝セミナー」が好評である。

▼ホームページ

プライムミッションゼミ：http://e-ritsuko.com/

「お母さま塾」セミナー：http://ritsukoseminar.com/

▼著書

『<中学入試>国語の読解は「答え探しの技」で勝つ！』『中学入試を制する国語の「読みテク」トレーニング』シリーズ3冊（「説明文・論説文」「物語文」「随筆文」）、『高校入試を制する国語「選択問題」の解き方の基本』『受験生を持つ母親のメンタル整理術』

中学入試を制する国語の「読みテク」トレーニング
随筆文

2011年７月20日　初版第１刷発行
2017年４月15日　初版第３刷発行

著　者　早瀬 律子
発行者　瓜谷 綱延
発行所　株式会社文芸社
〒160-0022　東京都新宿区新宿１－10－１
電話　03-5369-3060（代表）
03-5369-2299（販売）

印刷所　図書印刷株式会社

ISBN978-4-286-12056-0

中学入試を制する
国語の「読みテク」トレーニング
随筆文

解答編

解答編

1 「過去の自分を大切にする」

問1 の解答例

●第一場面

［筆者の体験］

右ひざに痛みを抱えながらアテネ五輪最終予選を戦っていた。痛む右足でパスを出した瞬間、ひざがガクッとなり半月板を損傷してしまった。歩くだけでも激痛が走るようになったが、北朝鮮との大一番に臨まなければならなかった。（１０５字）

［筆者の心情］

こんな時にケガをした自分を責めた。パスを左足で出していればこうはならなかったと思い、悔しさがこみ上げた。（52字）

●第二場面

［筆者の体験］

北朝鮮戦は、痛み止めによってピッチに立った。試合では痛みを忘れて、全力でプレーすることができた。（48字）

［筆者の心情］

ベストのプレーをした結果の怪我だから、後悔はしていない。もしあの瞬間に戻っても、それがあの場面での最適なプレーなので、やはり痛む右足でパスを出していたと思う。（79字）

問2 の解答例

負けたらオリンピック予選敗退という大一番を前に大怪我をした自分を責めたが、ベストのプレーをした結果だから、いまは後悔はしていないということ。（70字）

●問2の解答例を書き写しましょう

解答編

2 「人の大切さ」

問1 の解答例

●第一場面

[筆者の体験]

高校一年生のとき、親友と学校で大ゲンカになり、無視し合った。（30字）

[筆者の心情]

自分が正しいのだとかたくなに思い込んでいた。（22字）

●第二場面

[筆者の体験]

学校が終わって駅までの道を走り、電車に飛び乗って息を整えていると、派手な中吊り広告が目に入った。（48字）

［筆者の心情］

広告のコピーによって親友のありがたみに改めて気づかされ、いがみ合っていることがくだらなく思えてきた。

（50字）

●第三場面

［筆者の体験］

親友に電話をかけ、素直に謝った。すると、親友から「ごめん」と言われた。私たちは笑い合い、おしゃべりを楽しんだ。（55字）

［筆者の心情］

謝った直後の沈黙の間は心臓がドキドキしていたが、いつものおどけた調子のセリフを聞いて、胸をなでおろした。（52字）

問2 の解答例

広告のコピーによって、改めて人の大切さや親友のありがたみに気づかされたということ。（41字）

●問2の解答例を書き写しましょう

3 「読書の魅力」

問1 の解答例

●第一場面

［筆者の体験］

中学時代、作家志望だった私は原稿用紙を持ち歩き、詩や散文を書きなぐっていた。共鳴も理解もできないのに、海外の大作家の作品を中心とした難しい名作を読破することにのみ酔っていた。（87字）

［筆者の心情］

憧れの海外の大作家の作品を手にしてみても、人生経験が不足している自分には共鳴できない。（43字）

●第二場面

［筆者の体験］

高校生になった春にフランソワーズ・サガンの『悲しみよこんにちは』を読んだ。（37字）

［筆者の心情］

サガンの文学的才能に打ちのめされて、作家志望であるなどということは、恥ずかしくて死んでも口に出せないと思った。（55字）

●第三場面

［筆者の体験］

サガンの作品に出会ったことで、読書の価値観が変わった。義務感から作品を選ぶのではなく、読みたい本を選ぶようになった。（58字）

［筆者の心情］

サガンの体験を描いた小説にゾクゾクするほど興奮し、私は本当の読書の魅力を知った。読みたい本を夢中で読んでいるときこそ何かを吸収できるのだと実感した。サガンに感謝しなければならない。（90字）

問2 の解答例

作家志望であった私は、義務感から大作家の難解な作品ばかりを読んでいたが、何一つ共鳴できなかった。しかし、サガンの作品に出会い、自分の読みたい本を読むことの大切さを実感したということ。（91字）

●問2の解答例を書き写しましょう

解答編

4 「料理の師匠」

問1 の解答例

●第一場面

[筆者の体験]

幼いころ、祖母が料理をする姿が好きで眺めていた。（24字）

[筆者の心情]

祖母が手際よくごちそうを作る姿に、魔術を見ているような驚きと爽快感があった。（38字）

●第二場面

[筆者の体験]

小学生になった夏休みに祖母の家に一人で泊まった私は「野菜を切りたい」とせがみ、祖母に包丁の持ち方や手の添え方を教わった。最初は祖母に手をつかんでもらいながら、次に自分だけでキュウリを切った。（95字）

【筆者の心情】

祖母から包丁を使うことを許され、緊張しながらも自分一人でキュウリを切ったときのうれしさは忘れられない。（51字）

●第三場面

【筆者の体験】

祖母の食事の支度を手伝いながら食材についての知恵や知識を授かり、そのとおりに作るとひと味違う料理ができた。基本的なことができるようになり、初めて自分で味噌汁を作った。（83字）

【筆者の心情】

祖母から食材の味を生かすコツを聞いて作ると、ひと味違う料理ができることに驚いている。（42字）

●第四場面

【筆者の体験】

自宅に戻った日に味噌汁を振る舞うと、母から「美味しい」とほめられ、翌日から包丁を握ることを認めてもらった。（53字）

【筆者の心情】

料理研究家になれたのは、幼い私にやさしく教えてくれた祖母のおかげだと思っている。（40字）

問2 の解答例

料理に興味を持った幼い私に、やさしく見守りながら教えてくれた祖母に感謝しているということ。（45字）

●問2の解答例を書き写しましょう

「いま生きているという冒険」

問1 の解答例

●第一場面

［筆者の体験］

小学生のころから本を読むのが好きで、さまざまなジャンルの本と出会った。（35字）

［筆者の心情］

本に描かれている風景を見てみたい、その光景のなかに身を置いてみたいと思うようになり、とりわけ海外への憧れは強くなる一方だった。（63字）

●第二場面

［筆者の体験］

高校二年のとき、世界史の先生が授業中にインド旅行の話をしてくれた。「インドを旅してみる気はないか」と言われ、放課後に話を聞きに行き、実際に世界への一歩を踏み出した。（82字）

［筆者の心情］

長旅をする人は特殊な人だと思っていたので、そういう旅をしている人が身近にいることに驚いた。先生の話は魅力的で、どうしてもインドに「いま」「絶対」に行こうと思った。（81字）

●第三場面

[筆者の体験]

高校で禁止されていたアルバイトをはじめ、貯金とあわせて十二万円ほど貯めた。親にインド一人旅の話を切り出したがいい返事はもらえなかったため、日本―バンコク往復チケットを買ってからバンコクの旅行会社でインド行きのチケットを買うという計画を立てた。インド大使館でビザをとり、夏休みにリュックサックを背負ってバンコクへ旅立った。（160字）

[筆者の心情]

格安航空券を買い、安宿を泊まり歩けば、物価の安いインドなら一カ月間は暮らせると考えた。比較的おおらかな家庭だと思っていたが、親からはアジアに行くなら安全なシンガポールあたりにするように言われたので、タイのバンコク経由でシンガポールに行くと言って、バンコクからインドに飛んでしまおうと思った。（145字）

問2 の解答例

若い頃バックパッカーだった高校の世界史の先生が話してくれたインド旅行に魅力を感じて、いま絶対にインドに行こうと思い、高校二年の夏休みにバンコクへ旅立ち、世界への一歩を踏み出したということ。（94字）

●問2の解答例を書き写しましょう

解答編 6

「父親の影響」

問1 の解答例

●第一場面

［筆者の体験］

古いタイプの商売人であった父から、商売とは実践そのものだと教わった。（34字）

［筆者の心情］

教師であり、反面教師でもあった父から非常に強い影響を受けたと思っている。（36字）

●第二場面

［筆者の体験］

紳士服小売店をしていた父は、ぼくが中学生になったころ、建設会社を始めた。その仕事ぶりをみている。（48字）

［筆者の心情］

父は「ボス」のようなタイプの人間であり、若いときから土建屋をやっていれば、洋服屋より成功していたはずだ。（52字）

●第三場面

［筆者の体験］

気性が激しく厳しい父と、できるだけ会わないようにしていた。父は夜遅く帰ってくるため早寝のくせがついたが、たまに会うと叱られた。（63字）

［筆者の心情］

叱られるので父が怖かった。男の子はぼく一人だったので、たくましく強く育ってほしいという期待が大きかったのだろう。「何でも一番になれ」と言われたことを思い出す。（79字）

● 第四場面

［筆者の体験］

父が洋服屋を始めた年に生まれ、父が脳溢血で倒れた年にユニクロ一号店を出し、父に代わって社長になった。東証一部に上場したことを報告した五日後に父が亡くなり、葬儀では「人生最大のライバルでした」と遺影に向かって述べ、涙を流した。（112字）

［筆者の心情］

生活のすべてを賭けるような商売は、ぼくには向いていないと思っていたが、ユニクロへのなりゆきと父の生涯とは、不思議な因縁があると感じている。（69字）

問2 の解答例

ぼくに対する期待の大きい父を恐れ、自分は商売に向いていないと思っていたが、振り返ると父からの影響を強く受けており、ユニクロへのなりゆきと父の生涯との不思議な因縁を感じているということ。（92字）

● 問2の解答例を書き写しましょう

解答編

7 「私の個人主義」

問1 の解答例

●第一場面

[筆者の体験]

私は大学で英文学を専攻した。ジクソン教師から読み方や作文の指導を受けているうちに、これが英文学なのか、第一文学とはどういうものなのかと疑問を持ち、図書館に入ったが手掛がなく、三年勉強をしたがついに文学は解らずじまいだった。（111字）

[筆者の心情]

英文学とは、そして文学とはどういうものなのかと疑問を持ち、図書館に入ったが手掛がなく、その道に関した書物が乏しかったのだろうと思っている。私の煩悶は、三年勉強しても文学がどういうものか解らずじまいだったことに根ざしていたと考えている。（117字）

●第二場面

[筆者の体験]

教師になり毎日を無事に過ごしていたが、教師という職業に興味を持てず、本領に移れるように行動し、何かを成し遂げようと思いながら何もできずに陰欝な日を送っていた。（80字）

[筆者の心情]

教師としての日々に煮え切らない不愉快さを感じていた。教場で英語を教える事が面倒で、自分の本領へ飛び移り何かをしたいと思っても見当がつかず孤独を感じている。嚢の中に詰められて出る事のできないような気持がして、この先自分はどうなるのだろうと思っている。（124字）

●第三場面

[筆者の体験]

大学を卒業し、松山から熊本へ引越し、外国に渡った。そして文学とはどういうものなのかをつかもうと努力し、下宿の一間の中で考えた。（63字）

[筆者の心情]

以前と同様の不安を抱えながら外国へ渡ったが、どんな本を読んでも答えが出せず、つまらないと思った。同時に何のために書物を読むのかという意味さえ解らなくなった。この時始めて文学とはどんなものであるかという概念は根本的に自力で作り上げるよりほかにないのだと悟り、他人本位ででたらめに漂っていたから駄目であった事に気づいた。（158字）

問2 の解答例

大学で英文学を専攻してから英文学とは、そして文学とはどういうものかということを見つけようとしてきたが、最終的にはその概念は根本的に自力で作り上げるよりほかにないのだと悟り、他人本位では駄目だということに気づいたということ。（111字）

問2の解答例を書き写しましょう

8 「パパは塾長さん」

問1 の解答例

●第一場面

［筆者の体験］

学区内で最高レベルの公立高校に進学したが、入ってくるのは優等生ばかりなので私は劣等生になってしまった。中学までは科学者になりたいと考えていたが、文学にも興味をもち始め、本をよく読んでいた。高校に入っても本ばかり読んでいたため成績が下がった。（120字）

［筆者の心情］

「受験」という言葉には、拒否反応に近い敏感さがあった。高校時代は、五時間も寝ると目標の大学に合格しないという意味の「四当五落」という言葉が流行り、プレッシャーを感じていた。「受験戦争」は、いまよりももっと厳しかった気がする。（112字）

●第二場面

［筆者の体験］

通っていた高校は受験教育一辺倒だった。学習しなければならない教科の範囲が膨大なものになり、時間をかけて「深く考える」ひまはなく、次から次へと教科をこなしていかなければならなかった。（90字）

［筆者の心情］

戦争体験者の親たちが「貧しさ」について語るのを聞き、ますますプレッシャーを感じた。一方で、知識欲があった私は、自分の知的好奇心のペースと授業のペースとの間にズレを感じ、毎日の生活は楽しいものではなく、大学受験に疑問を抱いた。（112字）

●第三場面

［筆者の体験］

受験戦争に疑問を抱いた仲間と、憲法問題や実存主義、近代人の疎外をテーマに議論をした。自分よりたくさん本を読んでいる高校生と出会い、負けないように必死になって本を読んだ。彼らとの競い合いの中で自分を磨いた。（１０２字）

［筆者の心情］

いまから振り返っても、大学時代よりも高校時代の方が、レベルの高い実りのある議論を交わしていたと思う。学校の成績がわるくても悔しくなかったが、他の高校生に読書量で負けるのは悔しかった。私に作家としての想像力の最初の萌芽をもたらしてくれたのは高校時代の仲間たちだったと考えている。（１３８字）

●第四場面

［筆者の体験］

高校二年の時に一年間休学し、大量の本を読み、集中してものを考えた。そして、「Mの世界」という初めての小説を書き、「学生小説コンクール」に入選して文壇にデビューした。（82字）

［筆者の心情］

ある種の緊張感と孤独感の中で書いた初めての小説が「学生小説コンクール」に入選し、文壇デビューを果たしたときに作家になるのだと決意した。（67字）

●第五場面

［筆者の体験］

休学のために卒業は一年遅れたが、三カ月くらい猛勉強をして早稲田の文学部に入学し、作家になるという人生の目標を持った。（58字）

［筆者の心情］

休学中は、人生について思い惑い大学受験にも疑問を感じていたが、作家になる目標ができると気持ちがすっきりした。目標を与えてくれたのは高校時代の仲間であり、「受験校」に入ってよかったし、レベルの高い入試の関門をくぐるのは、意義のあることだと思う。次男の中学受験に真剣になるのも素晴らしい友人に出会ってほしいと思うからである。（160字）

問2 の解答例

私に作家になるという人生の目標を与えてくれたのは、高校時代の友人たちであり、優れた友人と出会うためにも、努力をしてレベルの高い入試の関門をくぐるのは意義のあることだということ。（88字）

●問2の解答例を書き写しましょう

解答編 9

灘中学校入試問題（平成二十二年度）

問1 の解答例

● 第一場面

［筆者の体験］

幼稚園児のとき、私は本当になんにもできない子どもだった。いつもおもらしをして替え用のパンツに着替えさせてもらうなど、ほかの子ができることを自分はなぜかできなかった。卒園式では、いつもとちがう一日をなんとかやりすごした。（１０９字）

［筆者の心情］

ほかの子ができることを自分はなぜかできない、ということをわかっているから、私は絶望した。きっとずっとこんな感じなんだろうなあ、と漠然と思っていた。いやだけど、ほかにどうしようもない。ぼんやりと重暗い、きゅうくつな気分だけを抱いていた。卒園式も晴れがましい気分ではなかった。（１３６字）

● 第二場面

［筆者の体験］

小学校入学前の私のもとに、学習机や体操服など、いろんなものがやってきた。それらすべてに母が私の名前を書いたり縫いつけたりするのを見ていた。（69字）

［筆者の心情］

小学生というものは、なんと所有物が多いんだろう。私はきっと、汚して、忘れて、なくすだろう。そう思うと、晴れがましい気分にはなれず、気が重かった。（72字）

● 第三場面

［筆者の体験］

おばあちゃんからランドセルが届いた。なかをのぞいたり、においをかいだりしたあと、身のまわりの気に入りのものを全部詰めはじめたので、母から笑われた。全財産を押しこんだランドセルを背負うと、あまりの重さによろけて、また母に笑われた。（１１４字）

［筆者の心情］

届いたランドセルの中をのぞいてにおいをかいでみると未来のにおいに思えた。ランドセルは馬鹿でかいので、なくさなくてすむかもしれないし、身のまわりのものを詰めていたら、だいじょうぶな気がしてきた。もし小学校が絶望的な場所だったら、気に入りのものを全部詰めてそこから逃げていこうとひらめいて、大人になるまで生き延びられると思った。（162字）

●第四場面

［筆者の体験］

その夜、父が帰ってくると、母からランドセルを背負わされた。わざとよろよろしてみせて、父や母といっしょに笑った。おばあちゃんに電話でお礼を言うときも笑っていた。（80字）

［筆者の心情］

自分が笑われているのに、なんだか愉快な気持ちになった。（27字）

●第五場面

［筆者の体験］

小学生になり、毎日ランドセルを背負って学校へ行った。ランドセルがきゅうくつになってきたころには、ごくふつうの、どこにでもいる小学生になり、一日一日をせわしなく過ごしていた。（86字）

［筆者の心情］

絶望を感じたらランドセルに全財産を詰めて逃げだせばいいと思っていたが、かつての必死の覚悟も忘れ、絶望という言葉は意味のないものになったと感じている。（74字）

問2 の解答例

幼稚園児のとき、ほかの子ができることを自分はできず、絶望していたが、小学校への入学直前、おばあちゃんから届いた馬鹿でかいランドセルを所有したことをきっかけに、ごくふつうの小学生に成長でき、絶望という言葉は意味のないものになったということ。（120字）

●問2の解答例を書き写しましょう

解答編 10

慶應義塾中等部入試問題（平成十七年度）

問1 の解答例

●第一場面

［筆者の体験］

去年の夏に簑虫たちが小枝の青葉を食べていた様子を思い出しながら、二階の縁側のガラス戸の前の楓の枝にたくさんの簑虫がぶら下がっているのを見ている。（72字）

［筆者の心情］

日々に変わって行く葉の色彩に注意を奪われて、簑虫の存在を忘れていたと感じている。（40字）

●第二場面

［筆者の体験］

紅葉が散り、さまざまの格好をした多数の蓑虫が目立って来た。縁側から箒の先ではね落とそうとしたが、落ちそうもない。冬じゅう蓑虫が鈴成りになっているのをながめて暮らした。（83字）

［筆者の心情］

自分自身の生活が蓑虫によく似ているように感じている。（26字）

●第三場面

［筆者の体験］

春になって、楓の枝から蓑虫を駆除しようと、物干し竿でたたき落とそうとしたが無効だった。今度は小さな鋏を竿の先に縛りつけ、鋏の刃の間に虫の袋の口に近い所を食い込ませて蓑虫をむしり取った。二人の子供がかわるがわる取り、空罐や筆箱に入れる様子を見ている。（124字）

［筆者の心情］

楓が若葉になる時の事を考え、蓑虫を駆除する必要を感じた。だめだろうと思いながら物干し竿で落とそうとして、小枝を折り若芽を傷つける心配をしている。鋏を竿の先に縛りつけた時には、鋏の発明者も蓑虫を取るために使われるとは思わなかったろうと思ったが、縛り合わせるのが容易ではないことに気づいた。（143字）

●第四場面

［筆者の体験］

庭の木の蓑虫を取り尽くし、庭の芝生に並べた。一つ一つの虫の外殻を観察したあと、大きな袋を鋏で両端から切って虫を取り出し、さらに観察した。（68字）

［筆者の心情］

一つ一つの虫の外殻は個性があると感じ、さらに袋の中の虫がどうなっているかを見たいと思った。（45字）

第五場面

［筆者の体験］

もう一つの蓑虫の袋を切り開くと虫が舎利になっていたので、他のたくさんの袋を外からつまんで見た。すると、中空の袋が多数あり、横腹に直径一ミリくらいの小さな孔がある事を発見した。鋏でその一つを切り破り、中から小さい蜘蛛が飛び出し逃げ去るのを見て、袋の中の蓑虫の遺骸をよく観察した。（138字）

［筆者の心情］

袋の中で舎利になっていた蓑虫を見て、病菌が入り込んでいるのだと想像した。また、小さい蜘蛛に汁気を吸い尽くされた遺骸を見て、戦衣のくずという気もした。全く無抵抗な状態で蜘蛛の毒牙に刺されてしまう蓑虫の状況を想像し、生物の間に行なわれる殺戮の中でも最も残酷なものの一つだと感じている。（140字）

問2 の解答例

蓑虫を観察してみると、小さい蜘蛛によって汁気を吸い尽くされた袋の中の遺骸を発見し、生物の間に行なわれる殺戮といった残酷な状況があるのだと感じたということ。（77字）

● 問2の解答例を書き写しましょう

解答編

11 開成中学校入試問題（平成二十一年度）

問1 の解答例

●第一場面

［筆者の体験］

日本人はお米ばかり食べてきたのでしょう、と外国の友人から聞かれることがよくあるが、私の生まれ育った地方では、「ほうとう」という田舎風の雑穀料理が主食だった。貧しい人たちもお金持ちも、夕飯はたいがいが「ほうとう」だった。少年時代の記憶に生々しいのは、きわめて裕福なS家に忍びこんだ泥棒が夕食の鍋の「ほうとう」を食べてから逃走したことである。（169字）

［筆者の心情］

泥棒事件の噂がひろがり、日頃ひが目で見られることの多かったS家の人々に、人々は仲間だという温かい気持ちをいだくようになったように感じられた。食べ物のもつ象徴的な力は偉大で、「地域文化」を象徴するものは、鍋で長時間煮込んだ雑穀料理でなければならなかったのだと考えている。（134字）

●第二場面

［筆者の体験］

「縄文文化」がピークを迎えた時代の中心地が、私の育った中部山岳地帯である。近年になって出現した遺物の保存状態が完璧で、数千年前の人々の食生活が再現され、縄文土器にこびりついていた食べ物から、「縄文食」は「ほうとう」によく似ていることを知った。（121字）

[筆者の心情]

団子を長時間かけて煮込んだとおぼしき「新石器料理」のアイディアが、数千年後の子孫たちが好んで食べている「ほうとう」と同じ精神に貫かれていることは、驚きであり、面白い。（83字）

● 第三場面

[筆者の体験]

「郷土食」と「縄文食」とのつながりから、鉄の鍋でつくる煮物料理と縄文土器でつくられた煮物料理とのあいだに連続性を認めている。また、考古学者たちの情報から、縄文料理は細かく刻んだ野菜を長時間煮込んだスローフードの原型であることを知った。（117字）

[筆者の心情]

異なる種類の材料がひとつにとけあうまで煮込むのに使われている土器は、この列島の人々の「和」を象徴するものであり、異質なもの同士が長時間のネゴシエーションをとおして「環」を形成していく思想に通じるものと考え、料理文化の偉大さに打たれている。（119字）

問2 の解答例

私の生まれ育った中部山岳地帯の主食である「ほうとう」は縄文料理とよく似ており、異なる材料がとけあうまで長時間煮込むための媒介となる土器は、日本列島の人々の理想であった「和」を象徴するものとなる。異質なもの同士が個性や個人的権利を主張して戦いあうのではなく、巧妙な媒介をあいだにはさんで「環」を形成するという思想の原型が土器料理にすでに存在していたことを知り、料理文化の偉大さに打たれたということ。（198字）

● 問2の解答例を書き写しましょう

解答編

◆レッツ・チャレンジ 東京大学入試問題（一九九七年度）

問1 の解答例

●第一場面

［筆者の体験］

川の流れをじっと見つめている。（15字）

［筆者の心情］

川は川であって、川面にうつる空でもある。それがふしぎだ。川の流れはみずからうつすものをそこにのこしてゆく。時の流れ、歴史の流れというふうに、流れという言葉が比喩として語られると、ちがうと思う。流れさるものがそこにうつす影像こそ、おおくを語りかけてくると思える。（１３０字）

●第二場面

［筆者の体験］

桃の花の咲く季節に、生まれそだった東北の街の郊外にあるサクランボ畑や桃畑の風景のあいだをあるいた。（49字）

［筆者の心情］

たたずまいを変えた街並みには、記憶の入口となるものがなく、小学校のことは何も覚えていないが、通学した小道にそって流れていた小川は幼い日の記憶がそのままにのこっている。こころにのこるのは或る一場面であり、日々に流れさるもののかなたでなく、とどまるもののうえに自分の時間としての人生というものの秘密は顕われると思っている。（159字）

●第三場面

［筆者の体験］

木下杢太郎の、とどまる色としての青についての詩を思いだしている。（32字）

［筆者の心情］

人生とよばれるものは、或る状景の集積であり、自分の時間としての人生というのは、人生という川面に影像としてのこる他の人びとによって明るくされていると思っている。（79字）

問2 の解答例

自分の時間としての人生はあざやかにのこっている或る状景の記憶の集積であり、その状景のなかにいる他の人びとによって明るくされている。わたしは他の人びとが自分の時間のうえにのこしてくれたものを書きたい。（99字）

● 問2の解答例を書き写しましょう

メ モ

メモ